# 脳と心を育てる 50の あそび

森田勝之／著

チャイルド本社

### 大脳を左右に分けて、中が見えるようにした模型

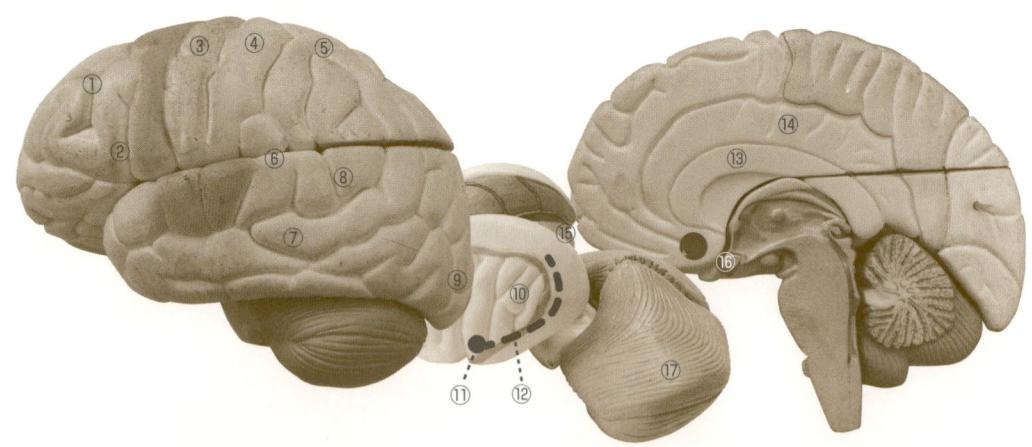

⑪⑫は、脳の内部にあり、見えない。

## 脳の部位の名称と主な役割

■大脳の外側（大脳新皮質）
　①前頭連合野：計画、思考、判断、自己コントロールをします。
　②ブローカ野：言語の表出（話す、書く）に関係しています。
　③運　動　野：随意運動のコントロールをします。
　④体性感覚野：触覚、痛覚などの知覚に関係しています。
　⑤頭頂連合野：空間、その他感覚情報を統合します。
　⑥聴　覚　野：聴覚情報の知覚に関係しています。
　⑦側頭連合野：認識、記憶、視覚や聴覚からの情報を受けとります。
　⑧ウェルニケ野：言語の理解（聴く、読む）に関係しています。
　⑨視　覚　野：視覚情報を受けとります。
■大脳の内側
　⑩大脳基底核：主に運動機能に関係する神経が集まっています。
　　大脳辺縁系：食欲などの本能に関わります。扁桃核や海馬が含まれます。
　　⑪扁桃核：快不快などの情動に関わっています。
　　⑫海　馬：記憶に関わる器官です。
　⑬脳　　　梁：左脳と右脳をつなぐ神経繊維です。
　⑭帯　状　回：脳梁の上にあり、大脳の中で情動に関係しています。
　⑮間　　　脳：大脳へ送る情報の中継、体内の環境のバランスをとります。
　⑯視床下部：生理的変化と関係しています。
■⑰小脳
　筋肉運動などの運動機能のコントロールをします。最近では、言葉を話すときに補助的に働いていることが確認されています。

# はじめに

　最近の塾や幼児教室では「早期教育」の必要性が叫ばれ、赤ちゃんのときから脳を鍛えようという動きが見られます。しかし、未だ脳の一部しか解明されていない段階で、それがすべてであるかのように保育や教育の中心にもっていこうとすると、そこには危険がともないます。度がすぎた早期教育のために感情の発達が阻害された例も、報告されるようになってきているのです。赤ちゃんがやがて児童へ、そして学生へと育って、10年、20年後にどうなるかが大切なのであって、それにはこれから先、ある程度長期間にわたる追跡調査や研究が必要になります。

　本書は、0歳から5歳まで、子どもの脳がどのように育っていくのかを踏まえたうえで、脳の発達に応じた「あそび」をすることによって脳が自然に育っていくことをめざしています。子どもがあそんでいるとき、その子の頭の中ではどのようなことが起きているのか、脳がどのように受け止めているのかを理解すれば、その段階に合った「あそび」を無理なく導入していくことができます。子どもの成長にどれだけ沿っているかが大切だと考えます。

　また、本書の表題でもある『脳と心を育てるあそび』の「心」はどこにあるのかと、迷われるかもしれません。これは「感情的知性」という脳の働きが大きいのですが、この"感情"や"心"といった部分の働きは、直接教えることはできません。「あそび」を通して、親やきょうだい、友達、保育者を通して、育てていくものだからです。このため、「あそび」を心から楽しく感じることが大切になります。

　脳をつくりながら成長させている0歳から5歳は、好奇心の固まりです。その成長に合わせて、子どもの目線を失うことなく繰り広げられる、驚きと感激の保育が、「楽しいあそび」を提供するのだと思います。

　本書を編むにあたって、まどか幼稚園園長の町山芳夫先生、練馬区立大泉学園保育園の原田麻世先生にはたくさんの貴重なアドバイスをいただきました。この場を借りてお礼申し上げます。また、日頃からすばらしい刺激をくださる十文字学園女子大学の平田智久先生に心からお礼を申し上げます。

　2010年　春

著　者

# 目次

脳の部位の名称と主な役割　2
はじめに　3
この本の見方・考え方　6

## 0歳　感じる脳の基礎をつくる　7

言葉かけあそび　8
顔あそび　10
色モザイクの絵　12
大きな手づくりメリー　14
音と数あそび　16
リズムであそぼう　18
手でつかんでみよう　20
指でさわってみよう　22
笑いかけあそび　24
　0歳のまとめ　26

## 1歳　考える脳の基礎をつくる　27

リズム言葉あそび　28
音の出る絵　30
ボールころころ　32
積み木重ねあそび　34
音階であそぼう　36
ボールであそぼう　38
電話ごっこ　40
　1歳のまとめ　42

## 2歳　工夫する脳の基礎をつくる　43

これ、な〜に？　44
パズルであそぼう　46
迷路あそび　48
数と色と形でえらぼう　50
音楽に合わせて動こう　52
リズム体操あそび　54
お手伝いあそび　56
　2歳のまとめ　58

# Contents

## 3歳　推理する脳の基礎をつくる　　59

説明あそび　60
ふえふえ絵本　62
影絵あそび　64
くらべっこあそび　66
音楽に合わせてポーズ　68
合図あそび　70
なりきりあそび　72
　3歳のまとめ　74

## 4歳　判断する脳の基礎をつくる　　75

文づくりあそび　76
形を描いてみよう　78
折り紙でつくる形あそび　80
トンネルあそび　82
箱であそぼう　84
数であそぼう　86
リズムに気をつけて　88
バランスあそび　90
「ゴー」アンド「ストップ」　92
　4歳のまとめ　94

## 5歳　創造する脳の基礎をつくる　　95

かんたん劇あそび　96
ストーリーづくり　98
位置関係を理解しよう　100
影絵お話あそび　102
小さいものをつまんでみよう　104
大きさくらべ　106
対応あそび　108
リズム即興表現　110
音楽のびのびあそび　112
上手に運ぼう　114
ロールプレイで役発見　116
　5歳のまとめ　118

あとがきにかえて　6歳からの脳　119

## この本の見方・考え方

本書は、人間がもっている「言語的」「論理数学的」「絵画的」「音楽的」「運動的」「空間的」「社会的」「感情的」という8つの脳の働き（知性）のうち、「感情的」知性をのぞく7つの知性を扱っており、それぞれがつぎのようなアイコンで示されています。

**言語的知性**は、言葉の理解と表現に関わっています。言葉を聞いて理解する場所と、言葉を発して表現する場所は、脳の中での位置が異なっています。また、それぞれの発達過程も異なっています。一般的にいえることは、「ちゃんと聞いている子どもは、ちゃんと表現できるようになる」ということです。

**論理数学的知性**は、数えることからはじまります。しかし、私たちが「1個」「1本」などという"言葉"を当てはめる以前から、人にはそれを理解し、分類する力が備わっているのです。音が1回鳴るのと2回鳴るのちがいは、生まれたばかりの赤ちゃんでも、なんとなく感じています。

**絵画的知性**とは、色や形がわかり、それを表現できるということです。最初は色の認識からはじめ、次第に形の認識を加えていきます。色と形を受容する力が育っていけば、それをもとに今度は自分から描いて（表現して）いけるようになります。

**音楽的知性**は、人間の脳の中で最も奥深くにまでひびくほど、大きな影響力をもっています。リズムやメロディーは心に安定感を与え、優しさを育ててくれます。こうした音楽の力を楽しくあそびに活かすのは、本書のテーマのひとつでもあります。

**運動的知性**は、脳の発達と並行して育ちます。例えば0歳児では、脳幹から中脳へ、中脳から大脳へと発達が進むにしたがって、ハイハイからよちよち歩きへと進んでいきます。発達段階が大脳へ進むと、今度はバランス、スピードが加わります。

**空間的知性**は、自分の体からはじまります。自分が空間のどの位置にいるかを脳が理解しますから、友達との距離なども、意識しなくても理解するようになります。空間あそびのときに静かな音楽をかけると、効果的な発達が見られることが、最近の研究からわかりました。

**社会的知性**は、自分というものがある程度わかりはじめて、自分と他者、他の人々を意識するなかで育まれます。この知性によって、自分の役割、他人との協力・助け合いなど、大切なことを学んでいきます。

**感情的知性**は、教えるものではなく、あそびや人間関係のなかで感じながら育まれるものですから、ここには入っていません。本書は「あそび」を主としていますが、脳を活性化させ、つぎに進もうとする自発性や好奇心を養うには、楽しんであそぶことがいちばんだという結論になると思います。

あるあそびは、3分の1の子には易しく、3分の1の子には楽しく、3分の1の子には難しい、というようなことがあります。幼児期の1年は、個人差があまりにも大きく、体つきだけではなく言葉、理解、視点のすべてが異なります。それらはひとつの"個性"ですから、なにかが遅れている（ように見える）からといって、心配する必要はありません。全体に合わせるのではなく、楽しくあそべるようにリードする子ども、まねをする子どもなど、それぞれの"個性"を活かせるような場面を選んでいただければと思います。

# 0歳

## 感じる脳の基礎をつくる

# 言葉かけあそび

**6か月頃から**

身のまわりのものを使って、言葉によるコミュニケーション能力の基礎を養います。

**準備** 子どもの前に、人形やおもちゃなどを並べます。

[人形] [おもちゃ]

[そのほかの道具（マグネットと、スプーン、鍋、ペットボトルなど）]

**脳育のポイント**

　0歳児の脳は不思議なもので、生後10か月頃になると、まわりで話している大人の言葉のなかから自然に"単語"を切り出すようになります。言葉をいちいち切り離して教えなくても、日本語の母音やアクセントをたよりに自分で"単語"の区切りを判断して区別するのです。動作や様子を「だれが、なにをする」「なにを、どうする」「なにが、どのようだ」というように1つの文として伝えることが、単語を切り出す訓練になります。早い時期（生後3〜6か月頃）から、なるべく単語単体ではなく文の形で言葉をかけるように心がけましょう。

**用意するもの**
- 人形やおもちゃなど、手に持ちやすいもの
- 人形や野菜などの形をした冷蔵庫用マグネットと、鉄製のスプーン、鍋など、磁石にくっつくキッチン用品
- ペットボトルなど

人形やおもちゃなどを手に持って、動かしながら話します。そのとき、「みみちゃん（人形の名前）が歩いています」「赤い車に乗ります」など、状況や動作などを具体的な言葉にして話してあげます。

- 人形を両手で持って、「みみちゃんが、立っています」「みみちゃんが、わらっています」などと、"だれ"が"なにをしている"のかを、伝えます。
- おもちゃの電話、自動車などを持って、「電話を使いますよ」「自動車に乗りますね」などと、"なに"を"どうする"のかを、はっきり言います。
- マグネットが鉄製のスプーンや鍋などにくっつく様子、ペットボトルが倒れる様子を見て、いっしょに驚きます。このときには、「磁石がくっついたね」「ペットボトルが倒れたね」などと、"様子"を"説明する"表現をします。

大人のまねをして、人形やおもちゃを手にとって一生懸命に話しはじめたら、じっと聞いて、「そうね、○○が○○したね」などと受け止めてあげましょう。

生後5か月前後から、周囲の"もの"に関心をもちはじめます。つかんだり、動いているものに手を伸ばしたりします。安全に十分に配慮しつつ、関心をつみとらないように見守り、「ボールがあったね」などと言葉を添えてあげてください。

# 顔あそび

3か月頃から

単純な線や円だけで「顔」を描いたものを使って、表情によるコミュニケーションの基礎を身につけます。

クレヨンを使って、直線や円（半円）だけで人の顔を描きます。

**1.** 円を描く

**2.** 線を描く

**3.** 小さな円を描くと……

**4.** 人の顔ができた！

顔には、いろいろな表情があります。わらった顔、おこった顔、かなしい顔、おどろいた顔、ふつうの顔……。いろいろな顔を準備しておきましょう。

[ふつうの顔]

[おこった顔]

[おどろいた顔]

[わらった顔]

### 脳育のポイント 1

　人は、鏡に映る姿を通して"自分"を認識します。赤ちゃんの場合も同じで、「自意識」が芽生える段階で、自分と他人とを区別したり、他人（無生物であるおもちゃや風景なども含む）を認識するのに、鏡は重要な小道具のひとつです。赤ちゃんが実際の鏡を認識する前は、自分の目の前にある「顔」がこの鏡の役割を果たします。それは、お母さんの顔であったり、絵本に出てくる人や動物の顔だったり、このあそびで使うような顔の絵だったりします。

●画用紙（四つ切り）
●クレヨン（口に入れても安全な染料を使ったもの）

いろいろな顔を、赤ちゃんに見せます。その際、［ふつうの顔］→［わらった顔］→［ふつうの顔］→［おどろいた顔］→［ふつうの顔］→［おこった顔］というように、［ふつうの顔］を間に入れながら見せていきます。

### 脳育のポイント❷

　０歳児は、［おこった顔］［ないた顔］［わらった顔］……のそれぞれに"個別"に反応するのではなく、例えば［ふつうの顔］を"基準"にして、そこからの"変化"に反応するのです。ですから、単純に「これは、わらった顔」「これは、おこった顔」と単体で見せるのではなく、「ふつうの顔です」→「おこった顔になりました」というように、ちがったものを流れるように見せると、反応しやすくなります。

人間の脳は生まれつき人の顔に反応する仕組みをもっています。単純な直線や円の組み合わせでも、それが人間の顔の形に近くなれば、０歳児でも反応を示します。０歳児はまだ目の形成途中ですから、なるべく近くで見せてあげてください。

# 色モザイクの絵

8か月頃から

画用紙の上にいろいろな形の色紙をのせて、"絵"をつくります。
色の変化に驚くなかで、色彩感覚を育てます。

色紙を、あらかじめ三角形、四角形、丸などいろいろな形、いろいろな大きさに切って、用意しておきます。

［三角形］　　　　　［四角形］　　　　　［丸］

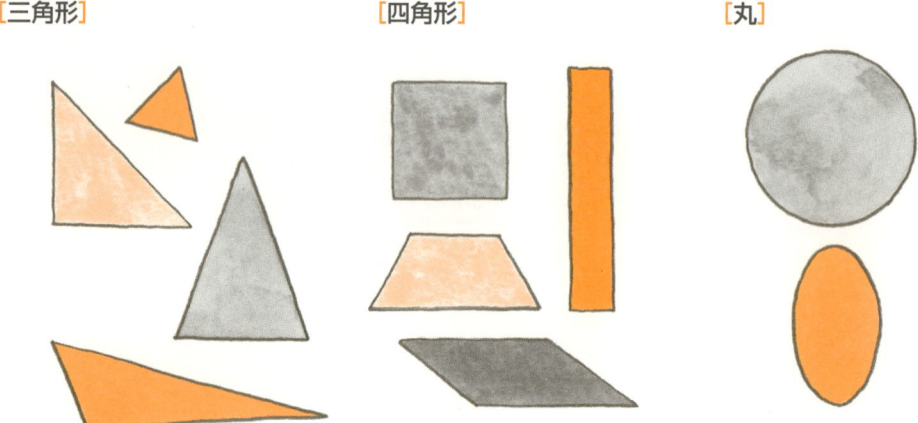

［形も大きさも、いろいろなものをそろえる］

台紙に使う画用紙は、白いものが基本ですが、黄色や赤など色付きのものを使っても、おもしろい効果が得られます。

用意するもの
- 画用紙（色画用紙でもおもしろい）
- 色紙（口に入っても安全な染料を使ったもの）
- 赤や緑など、色付きのクリアファイル

広げた画用紙の上に適当な大きさや形に切った色紙を並べて、モザイク絵をつくります。最後に上から色付きのクリアファイルをかぶせると、色が大きく変化します。

これは「色の変化」に注目したあそびですから、絵に「魚の絵」「山の絵」などというような具体的な意味をもたせる必要はありません。

### 脳育のポイント

　絵を描いたり服装のコーディネートをするといった、色を直接扱うとき以外に、自分の経験や思いを人に伝えるときにも、色彩感覚は重要な役割を果たします（例えば「きのうは青い空に白いくもがいっぱいうかんでいたよ」「赤い花のついた洋服が好き」など）。

　色彩感覚を育てるために、市販のすばらしい色づかいの絵本を見せる……というのも悪くはありませんが、受け身（完成したものを与えられる）だけでは十分な色彩感覚は育ちません。実際に自分で色紙を手にとって、いろいろな色紙のとなりや上に置いてみると、色の不思議さ、おもしろさを身をもって体験することができます。

視覚野のシナプス（神経細胞）は、生後8か月頃に一生のうちで最高の数（約2.4兆個）に達します。その後、徐々に少なくなって、10歳頃に1.3〜1.5兆個で安定します。シナプスの多いこの時期の「色体験」は、とても大切です。

# 大きな手づくりメリー

4か月頃から

赤ちゃんの頭上（手の届かないところ）で手づくりメリーをまわし、空間感覚を育てます。

**準備**　新聞紙を棒状に丸めたものを4本つくり、2本を1組にして十字に組み合わせて、ひもで固定します。それぞれの先端に、色紙を折ったものやおもちゃの絵などを細いひもでつり下げます。

**1.** 新聞紙を棒状にしたものを4本用意する

**2.** 2本を1組にして、十字に固定する

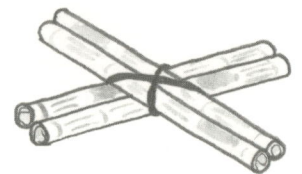

**3.** 4つの先端に、おもちゃの絵や色紙をつり下げる

［色紙はこんなふうに……］

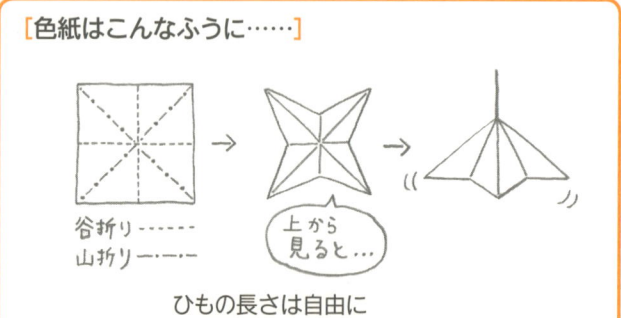

谷折り -----
山折り -・-・-

上から見ると…

ひもの長さは自由に

### 脳育のポイント 1

赤ちゃんの視力は、生後2か月段階で0.02前後。4か月頃から急激によくなっていきますが、1歳段階でもまだ0.08〜0.15くらいです。近視ですから、小さいものや目立たない色のものはよく見えません。また、視野も大人よりずっと狭い状態です。つり下げるおもちゃの絵や色紙は、できるだけ大きく、目立つものを選ぶようにしてください。

| 用意するもの | ●新聞紙、セロハンテープ<br>●色紙<br>●厚紙（おもちゃの絵などを描いておく）<br>●細いひも |

**あそび方**　新聞紙でつくった十字の中央にひもをつけ、赤ちゃんの手の届かない高さの位置につり下げてまわします。このとき、楽しい音楽をかけたり、歌をうたってあげたりするといいでしょう。

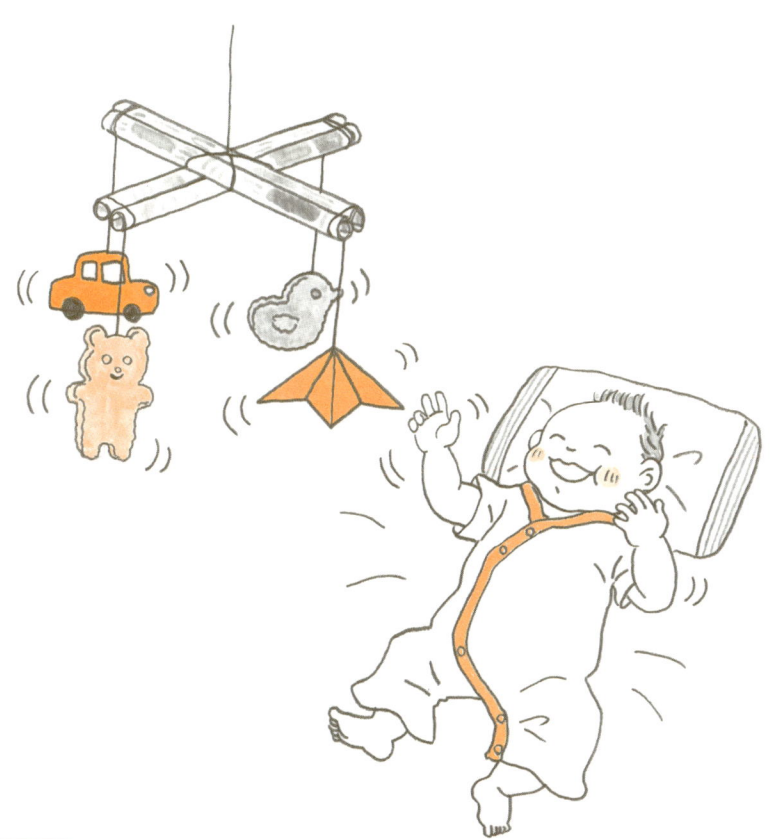

### 脳育のポイント 2

　赤ちゃんは、目だけでなく顔や頭を動かすことで、次第に自分と周囲との距離をつかんでいきます（遠近感は、生後6か月頃からつかめるようになってきます）。また、注意力や集中力なども、同時に養われます。音楽や歌に反応してリラックスすると、より楽しく見ることに集中できます。見ることに集中すれば得られる情報量も増え、脳への刺激が高まります。

　市販のメリーには、細かいパーツをたくさん使って、非常に繊細で豪華なものがあります。しかし、赤ちゃんは視力が非常に弱いので、はっきりとは見えません。大きなパーツを使った手づくりのもののほうが、反応しやすくなります。

 # 音と数あそび

鳴った音の数と、出てきたものの数との関係を、認識させるあそびです。

 段ボールなどでつくったスクリーンを立て、そばに同形同色のボール3個、同形のペットボトル3本などを並べておきます。

**1.** 段ボールでつくったスクリーン（ついたて）を用意します

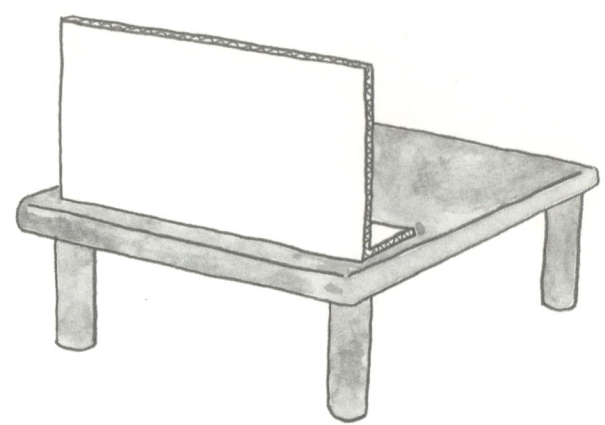

**2.** ボールやペットボトルを用意します

**脳育のポイント 1**

これまでの研究では、赤ちゃんは生後5か月目くらいになると、実際に数を数えることはできなくても、3までの数を"認識"して、"区別"していることが確かめられています。

| 用意するもの | ●大きめの段ボール（スクリーン用）<br>●ボール（同色のものを3個程度）、同形のペットボトル（3本程度）など<br>●ピアノのおもちゃ、木琴などの楽器 |

**あそび方**

スクリーンの裏にボールを1個置き、机の後ろに置いたピアノのおもちゃなどの楽器で「ラ」の音を1回鳴らします。
スクリーンをゆっくり持ち上げると、ボールが1個見えます。
置くものの数によって、音の数を変えていきます。
- 1個のボールで、「ラ」の音1回。
- 2個のボールで、「ラ」の音2回。
- 3個のボールで、「ラ」の音3回。
- 最後に、「ラ」の音を2回鳴らして、ボールを1個だけ見せるようにします。子どもによっては、そのボールを見て驚く場合があります。驚かなかったら、大人が驚いてみせましょう。

あそびの発展として、ペットボトルを使うときには「ラ」ではなく「ド」の音を弾くなど、バリエーションをつけてみるのもいいですね。

**脳育のポイント②**

音が2回聞こえたのにボールが1個しかないことに気づくというのは、「2」と「1」はちがうということを、「概念」や「言葉」としてではなく「体験」的に得ている証拠です。
0歳児は、数えるための基本を頭の中につくっている段階にありますので、いろいろな道具を使ってあそんであげましょう。

家庭や学校用のピアノは「ラ」音が440Hz（ヘルツ）に調律されています（演奏会用のピアノは、少し高めの442〜444Hzくらいです）。440Hzは音階の基本となる音で、脳はこの「ラ」音に対していちばん敏感に反応することが確認されています。

 # リズムであそぼう

**4か月頃から**

手づくりのかんたんなリズム楽器で音を出しながら、リズム感を養います。

 **準備** 乳酸飲料のボトルを使って、リズム楽器を手づくりします。
空になった乳酸飲料のボトルに乾燥した米や大豆を入れて、ラップでふたをすると、立派な楽器のできあがりです。

**1.** 乳酸飲料のボトル

**2.** 乾燥した米や大豆などを入れる

**3.** ラップでふたをして、輪ゴムでとめる

小さな鈴を入れるのも、おもしろいです。

### 脳育のポイント 1

他人への働きかけができるようになる生後4〜6か月頃から、このあそびをはじめます。自分の手で音を出すということは、赤ちゃんが外の世界に対してなんらかの"働きかけ"を行っているということです。赤ちゃんにとって、周囲の大人は外の世界への"窓"ですから、楽しく反応を示してあげるとそれだけ、喜びや満足感が増すことになります。

| 用意するもの | ●乳酸飲料のボトル<br>●乾燥米、大豆、（鈴）など<br>●ラップ、輪ゴム |

 最初は、手に持って自由に振ってみます（赤ちゃんがまだ手に持てない場合は、目の前に置いてころがしてあそぶのもいいでしょう）。慣れてきたら、オルゴールや童謡の音楽などの決まったリズムに合わせて、振ったりころがしたりして楽しみましょう。

**脳育のポイント❷**

赤ちゃんが自らの手で音を出すことの喜びを味わいます。自分で振って出るリズムを聞きながら、周囲から聞こえてくる音にも興味をもち、しだいに体全体で音を覚え、リズム感を養っていきます。

 ［振る（ころがす）］→［音が出る］という因果関係を知ることや、自分の出した音を周囲の大人や友達に聞かせる（他者に働きかける）ことは、子どもにとって大きな充足感につながります。

**身体運動**

# 手でつかんでみよう

**6か月頃から**

音の出るものや変わった感触のものに手で触れることで、脳へ刺激をおくります。

**準備**

小さな靴下や手袋を用意して、中に音のするものを入れます。中身が出ないように、端を細いひもなどでしっかり縛っておきましょう。

**1.** 靴下や手袋、プラスチックの容器

**2.** さわると音のするもの

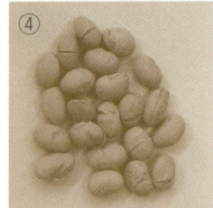

①くしゃくしゃにまるめたパラフィン紙
②ビニール袋
③コーヒー豆
④大豆

**3.** 中に入れて、端をしっかり縛る

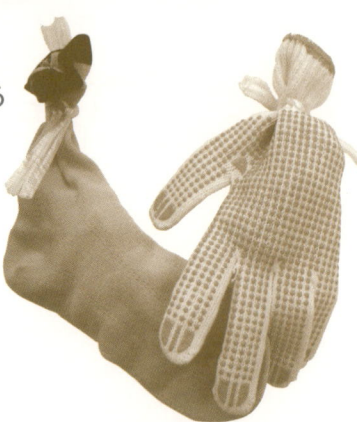

中に入れるものとしては、ガサガサと音が出るパラフィン紙（くしゃくしゃにまるめて入れる）や、音のするビニール袋、乾燥したコーヒー豆、大豆などがいいでしょう。豆類などの小さなものはプラスチック容器に入れ、量を調節して、きれいに感じる音が出るようにしておきます。プラスチック容器のまま、靴下や手袋などの中に入れてください。また、触覚を刺激するので、靴下や手袋は表面に凹凸のあるものを選ぶといいでしょう。

- 靴下、毛糸の手袋（清潔であれば、古いもので十分です）
- プラスチックの密閉容器（サプリメントの入っていた、小さな容器など）、細いひも
- パラフィン紙、ビニール袋、コーヒー豆など、音のするもの

最初はまず、大人が楽しそうに音を出してみます。
赤ちゃんが興味をもったら、手わたして自由にあそばせます。

**脳育のポイント**

　これは、原因と結果との"因果関係"を学ぶのに適したあそびです。中にものが入った靴下や手袋を握ったり振ったりすると、音が出ます。「握る・振る」→「音が出る」という関係法則を、経験を通して知るのです。「1回振れば1回鳴り、2回振れば2回鳴る」というのも、同じ原理です。こうした経験が数を数える基礎をつくっていくことが、脳科学で確認されています。

　"自分で振って音を出す"ということが大切なのですが、大人が音の出るものを入れた靴下などを「動物」や「食べ物」に見たてて、「カバさんですよ」などと、幼児をくすぐったりして刺激を与えるのもいいでしょう。

# 指でさわってみよう

3か月頃から

指でさわって、いろいろな感触を経験することを通して、脳に刺激をおくります。

**準備** 厚めの段ボールを2つ折りにし、片側の中央を丸く切り抜いてホルダーをつくります。間にはさむものは、別の段ボールを台紙にして、はっておきます。

**1.** 段ボールを2つ折りにして、片側の中央を丸く切り抜く

**2.** 毛糸やフェルトなどを、別の台紙にはっておく

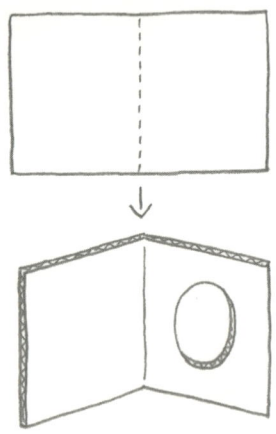
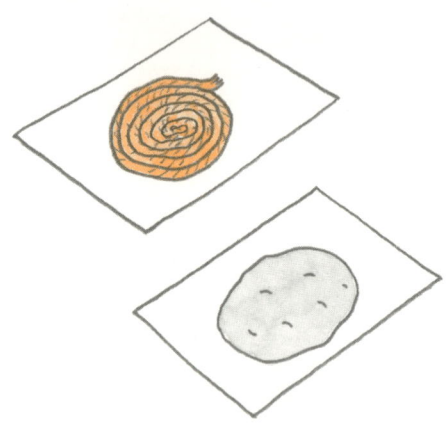

凸凹のあるボール紙、気泡緩衝材、カーペット、水やジェル状の半液体を入れて密封したビニール袋など、ほかにもおもしろいものを見つけてください。

[凸凹のあるボール紙] 　　[気泡緩衝材] 　　[カーペット]

●厚めの段ボール
●気泡緩衝材、毛糸やフェルトなど、変わった感触を楽しめるもの

最初に、丸い穴の部分を大人がさわってみます。続いて、赤ちゃんにまねをしてもらいます。毛糸なら「やわらか〜い」などと言葉にしてみることで、指の感触と言葉とが合ってきます。
はさむものをつぎつぎに入れ替えて、感触のちがいを楽しみます。

### 脳育のポイント

0歳児は、よく動きます。とくに生後3〜4か月頃になると、両手が忙しく動きます。脳は手の動きに応じて発達していきますので、この時期に手にいろいろな刺激を与え、脳におくってあげることが大切です。触覚と脳の発達には、密接な関係があるのです。いくつか試してみて、喜ぶものを中心にあそぶといいでしょう。

皮膚は、「露出した脳」ともいわれています。たくさんの情報を集めるための重要な入口のひとつです。さわって感じた情報は本物の脳へおくられ、「経験」として蓄えられていきます。

 # 笑いかけあそび

4か月頃から

「いないいないばあ」ゲームで、感情表現や社会性を養います。

 大人の顔よりもふた回りくらい大きな段ボールに、下図のような切れ目・折り目を入れて、開閉式の"窓"をつくります。

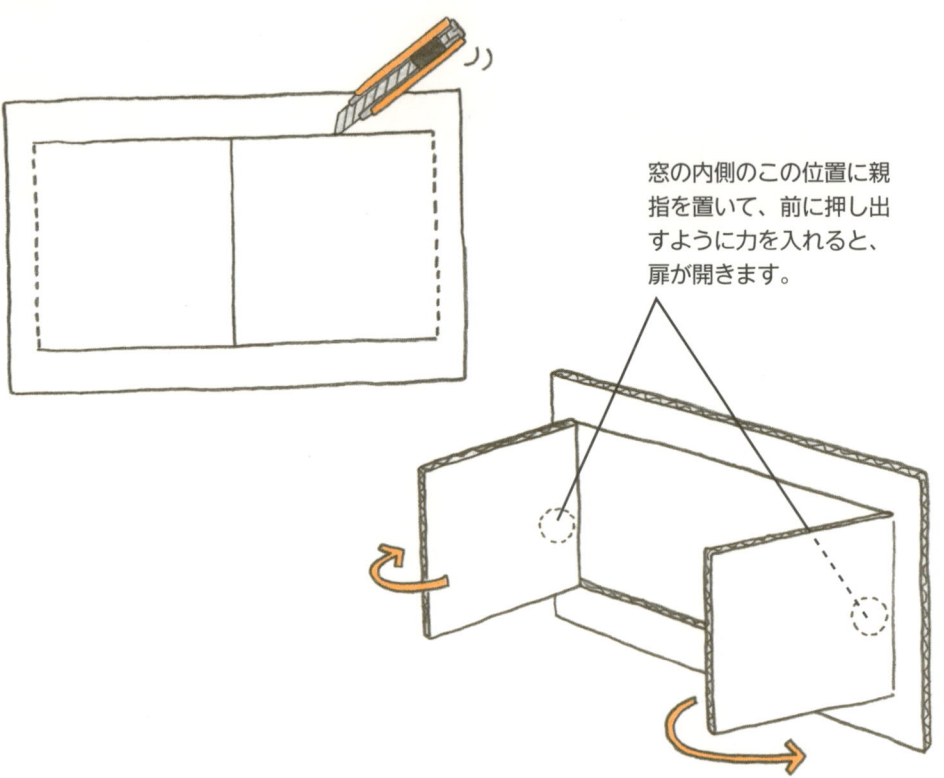

窓の内側のこの位置に親指を置いて、前に押し出すように力を入れると、扉が開きます。

### 脳育のポイント ①

まだ自分と他人との区別が十分につかない赤ちゃんにとっては、「いないいない」は相手（大人）が見えなくなっているのではなくて、「自分が消えている」のと同じ感覚です。赤ちゃんの顔にハンカチをかけて自分でとらせても、同じような効果があります。

| 用意するもの | ●段ボール ●カッター |

**0歳**

**あそび方**　赤ちゃんに向かってすわり、「いないいない……」と言いながら段ボールで顔を隠し、「ばあ」と言うと同時に窓を開けて、顔を見せます。
- 「いないいない」と「ばあ」の間隔に変化をつけて、なん度か繰り返します。
- 「ばあ」のところでは、必ず笑った顔を出すようにします。
- 慣れてくると、これを「ピーカ……ブー（peekaboo）」と英語でやってみます。このときも、「ピーカ」と「ブー」の間隔に変化をつけるようにします。音が楽しいので、赤ちゃんは英語も喜びます。

**脳育のポイント❷**

　言葉と言葉との間隔が変化することで、脳にはつぎのような変化が起こります。「いないいない」のあとの間隔があけば、"期待"という感情が出てきます。一方、間隔が短いと、"驚き"になります。また、このあそびでは、「いないいない」のあとに「ばあ」がくるという"因果関係"を理解するための基礎もつくっていくことになります。

例えば大人でも、気分が沈んでいるときに笑顔に接すると、なんとなく楽しくなってくることがあります。ほほえみや笑いかけは、「ミラーニューロン」（「ものまね細胞」P.42参照）による笑いの伝達、感情のコントロールに影響します。

## 0歳のまとめ

**赤ちゃんは……**
**生まれた直後から、脳の中心部にあたる「脳幹」を働かせはじめます。**

　脳幹は、人間として生きる基本となる、呼吸をすることや眠ること、食べることといった、生命を維持していくための中枢に関係する部分です。生まれたばかりの時期は、この脳幹の働きを通して「生きることを本能的に感じとっている」段階にあります。

　そして、ほどなく周囲の環境から、自分が生きていくために必要な情報を集めはじめます。

　母親やまわりの人たちの声の調子などにも、敏感に反応していきます。赤ちゃんの成長は速く、毎日確実に変化していきます。

**生後3～6か月頃になると、「脳幹」の中の「中脳」部分が発達してきて、姿勢や表情がコントロールされはじめます。**

　手をある程度自由に動かせるようになると、さらにさまざまな情報を受け入れることができるようになります。目の動きも調節され、母親の顔の表情にも敏感に反応するようになってきます。

**生後6～9か月頃には、大脳の発達が見られます。**

　言葉を理解し、リズムを好んだり人見知りをしたりと、外からの刺激に対して個性のある反応を示しはじめます。同時に、自分から手を動かしながら、刺激を求めたり、音を出したりしてあそびます。

**赤ちゃんは、まだほとんどしゃべることができません。**

　しかし、言葉にしないから理解していないということではありません。この時期の成長の基本は、外部から受けとった情報を蓄積して整理し、自分で使えるように準備することです。「感じる脳の基礎」をつくり上げているところだといってもいいでしょう。

# 1歳

## 考える脳の基礎をつくる

# リズム言葉あそび

子どもの発音しやすい語を組み合わせて、リズムをつくります。
言葉をリズミカルに発するあそびです。

**準備** 「赤」「青」「黄」の色画用紙を用意します。
厚めの段ボールにクレヨンで色をつけてもかまいません。

**1.** 色画用紙を丸く切り抜いて

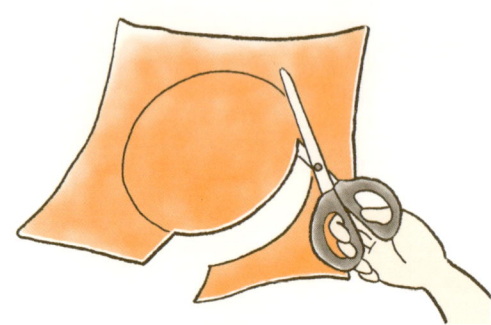

**2.** 指が入るように、小さな穴を開ける

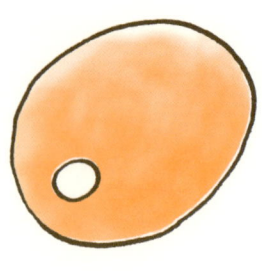

**3.** 穴付きの"うちわ"が3つ完成

### 脳育のポイント 1

　1歳2か月頃から、声に出して言葉をしゃべりはじめます。単語を切り出して認識しはじめるのが生後10か月頃ですから、それからわずか半年弱での変化です。この時期にはもう、理解できる単語は50～80くらいに増えています。ただし、発話できる単語はまだ、そう多くはありません。まず、喉を開いてすぐに出せる「あ」の音が基本になります。

- 色画用紙
- はさみ、カッターなど
- カスタネットなど

1歳

「うちわ」の1つを選んで掲げ、カスタネットなどでリズムをとりながら、うたいます。

（例）
あか　あか　あかか
あお　あお　あおお
きぃ　きぃ　ききき

子どもたちもみんな同じ「うちわ」を持って、振りながらうたうのも楽しいです。

### 脳育のポイント 2

言葉を発する楽しさに、体を使ってリズムを加える経験をします。ちょっとした強弱を組み込むだけで、言葉はびっくりするほど生き生きしてきます。

言葉の獲得は、まねをすることからはじまりますから、大人が先に「お手本」を示してあげるといいでしょう。

「まま」「ぱぱ」「わんわん」「ばいばい」「ばーば」といった、幼児が最初におぼえる言葉は、子どもが発音しやすい言葉なので、このあそびのバリエーションとして、工夫して組み込んでみてください。

# 音の出る絵

絵の"ある部分"をさわると音が出る、
そんな「しかけ絵」で触覚と聴覚を刺激し、脳を活性化させます。

画用紙に描いた動物や植物の、体や葉っぱの部分にトレーシングペーパーなどを丸めてはりつけ、バックと同色の薄い布（バックが葉っぱなら、緑の布）で覆い、のりなどでとめておきます。

**1.** 画用紙に、動物や植物の絵を描く

**2.** 一部にトレーシングペーパーなどを丸めてはりつける

**3.** 上から薄い布で覆う

### 脳育のポイント 1

1歳2か月頃になると、絵本の中の絵をたたいたり、なでたり、ほおずりしたりするようになります。そんなとき、絵の少し立体になった部分に触れて音がすると、驚きます。軽い驚きは好奇心につながりますから、絵を見るのが楽しくなります。

- 画用紙、クレヨン
- トレーシングペーパー
  など、音が出やすい紙
- 薄い布、のり

最初は、ストーリーは必要ありません。絵を見せながら、"大きなカバさん"や"森の木"の様子を説明します。
子どもが手で絵に触れると、動物の体などに仕込んだトレーシングペーパーが音を出します。

慣れてきたら、ストーリーを欲しがるかもしれません。そのときには、『シートン動物記』などの有名なお話の一節を引用しながら話してもいいでしょう。

### 脳育のポイント 2

　音の出る絵は、視覚や聴覚、触覚などを総動員して"感じる"絵です。感じるもとになる大脳辺縁系（の扁桃核）や視床下部が働いているうえに、大脳皮質の視覚野、言語野、聴覚野で、それぞれ色や言葉や音をとらえています。脳が楽しんでいるときには、色も言葉も生き生きと感じられるのです。これが、言葉で話すときに生きてきますし、言い方に感情を込めるためにも大切な経験となります。

生後1年も過ぎると、聴覚に関してはすでに大人並みになっています。これが触覚、視覚を助けて働き、さまざまな情報を自分の中に蓄積していきます。

# ボールころころ

紙でつくったポールの間にボールをころがして、規則的ではない動きを観察します。

大きめの段ボール箱（50×80cm程度）の、側面を5〜10cmほど残して上部を切り、底にトイレットペーパーの芯などを利用して、障害物を配置します。段ボール箱には2か所くらい、ボールの出口をつくっておきます。

**1.** 段ボール箱の上部を切りとります

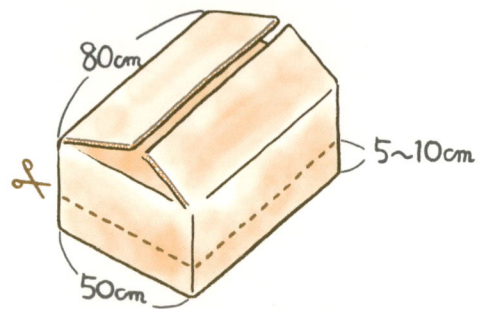

**2.** トイレットペーパーの芯の一方に数か所の切れ目を入れ、外側に折って、ポールをつくります

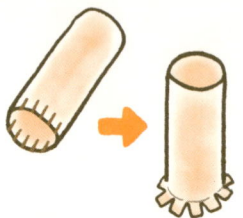

**3.** できあがり

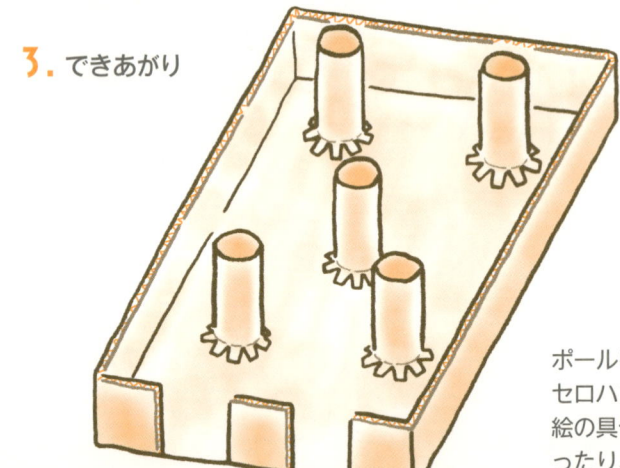

ポールを段ボール箱に立てて、のりやセロハンテープで固定します。最後に、絵の具やクレヨンなどを使って色を塗ったり、色紙をはれば、完成です。

### 脳育のポイント 1

1歳も後半になってくると、かなり高度な空間認識力がついてきます。動いているボールなどを追うのは、この認識力をさらに高めるのに非常にいい訓練になります。

- 大きめの段ボール箱
- トイレットペーパーの芯
- はさみ、のりまたはセロハンテープ
- 直径5cm程度の軽いボール

 少し斜めにした段ボール箱の斜め上から、ボールをころがします。このとき、どこに当たってどう変化するのか、どの出口から出るのか、しっかりと見るように言います。例えば、ボールを置きながら「どれに当たって、ボールが落ちるかな？」などと予想させるのもいいでしょう。

最初は大人が見本を見せますが、あそびの主役はあくまでも子どもです。大人はいつもサポーターでいることを心がけてください。

### 脳育のポイント 2

1歳から2歳までの視力は弱く、だいたい0.1〜0.2なので、できる限り目立つ色のボールを使うようにします。障害物も、ボールと対照的な色のものを用意するようにします（黄色のボールに青の障害物、緑のボールにオレンジの障害物など）。

 空間認識力を高めるために音楽が非常に効果があるという研究データがあります。このあそびに限らず、あそんでいるときにはなるべく、小さめの音量で子どもの喜ぶ童謡などの音楽を流すようにするといいでしょう。

# 積み木重ねあそび

積み木を自由に重ねたり集めたりしてあそぶなかで、「集合」の概念を学びます。

 赤、青、黄色など、同色の積み木を3個ずつ（計9個）用意します。

 基本は、積み上げやすいように、すべて同じ大きさの立方体のものがいいのですが、用意できない場合には、異なる形・大きさのものがまざってもかまいません。

[基本は、すべて立方体のもの]

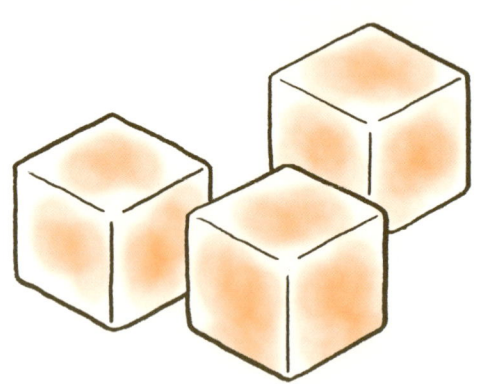

[なければ、まざっても可]

[自作も楽しい]

厚めの段ボールなどに展開図を描き、9個の「サイコロ」をつくります。
クレヨンなどを使って3色に塗り分けておきます。

**1.** 展開図

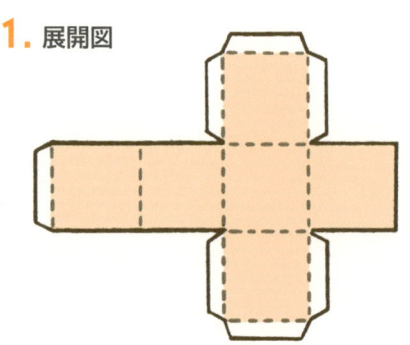

**2.** 色を塗って組み立てる

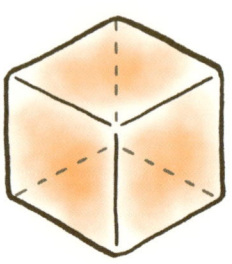

**用意するもの**
- 積み木（赤、青、黄色を各3個）

または、
- 段ボール
- はさみ・カッター、のり・セロハンテープ

**1歳**

**あそび方**

最初に、大人が同じ色の積み木を積み上げます。
子どもがまねして積み上げはじめたら、ほめてあげましょう。
色がまざっていてもかまいません。同じ色にしたい場合は、最初に「赤い積み木を集めようね」のように声をかけておきます。色の名前がわからないようなときには、「赤」の積み木を手に持って、「この色ですよ」と示します。

**脳育のポイント**

　色の名前などは、まだ言葉にできないかもしれませんが、色の識別については、もう大人と同じようにできるようになっています。
　赤のグループ、青のグループと分けて積み上げていければ、「集合」の感覚がわかってきているということになります。混色で積み上げた子どもは、さまざまな色の美しさに興味が向いているようです。ねらいとちがったことをしても、それはそれでかまいません。

慣れてくると、積み木を4個、5個と積むことができる子どもも出てくると思います。これは手の器用さの問題で、個人差が相当あります。しかし、この差はいずれ縮まります。いまできないからといって、あせる必要はありません。

# 音階であそぼう

音楽

楽しんで音に接しながら、
音階を感覚的に身につけていきます。

**準備**
色のちがう8枚の色紙（折り紙）を用意し、適当な箱に入れておきます（これは、「ド、レ、ミ、ファ、ソ、ラ、シ、ド」の各音に対応しています）。ピアノの鍵盤にもそれぞれ、同じ色のシールをはっておきます。
※下の「ド」と上の「ド」は、ちがう色にします

## 脳育のポイント 1

楽しみながら音階を学んでいくあそびです。小さいうちに正しい音階を手に入れておくことは、後に音楽を楽しむうえでも重要です。子どもにも音を出させる場合には、軽いタッチで音が出る電子オルガンやピアノのおもちゃを用意するのがいいでしょう。

| 用意するもの | ● 8種類の色紙（折り紙）
● 8色のシール
● 楽器（ピアノ、またはピアノのおもちゃなど） |

**1歳**

**あそび方**　子どもに色紙を選ばせたら、大人がピアノで、その色に対応した音を出します。最初は1枚ずつ選ばせて、単音を鳴らします。慣れてきたら、2枚、3枚を同時に選んで、組み合わさった音を出してみると、楽しさが広がります。

1歳も後半になったら、選んだ色紙を楽器のところまで持っていき、鍵盤にはられたシールを目じるしに、自分で鳴らしてみるようにします。

**脳育のポイント2**

子どもが自分で鳴らしたとき、選んだ色と実際に出した音とがちがっていてもかまいません。ここで大切なのは、まず「自分でできる」という達成感をもつことです。周囲がみんな、調子を合わせて楽しんでいるという状況も、大切な要素です。楽しんであそぶことで、脳が受け入れやすい状態をつくり、そのなかで音階の感覚を身につけていきます。

1歳を過ぎると、音や音楽を聞く段階から自分で音を出すことを楽しむ時期に入ります。大人が楽器で音を出しているところに興味を示したら、自分でもやってみるように、促してあげてください。

## 身体運動

# ボールであそぼう

いろいろなボールをころがしてあそびながら、
空間の中で体の動きを覚えていきます。

### 準備

いろいろな色や大きさのボールを用意します。布袋に新聞紙や布きれを入れた手づくりのボール、カプセル入りおもちゃの空き容器なども利用します。

[市販のボール]

[手づくりのボール]
布袋の中に、新聞紙や布きれを入れてつくる。

[カプセル入りおもちゃの空き容器]

### 脳育のポイント 1

ボールをころがしたり投げたりすることは、自分の動作がボールになんらかの影響を与えるということです。その因果関係を知ることは、この時期に大切なことです。大人のまねをして上手にできるようになると、大きな達成感を味わいます。達成感は喜びそのものです。

**用意するもの**
- ボール（数個）
- 手づくりのボール（新聞紙や布きれなどでつくる）
- カプセル入りおもちゃの空き容器

**1歳**

**あそび方**

最初に大人が、「よく見ていてね」などと子どもに声をかけながら、自由にころがしてみます。
慣れてきたら、2人で離れて向かい合い、キャッチボールの要領で、相手に向かってボールをころがします。

**脳育のポイント 2**

この時期は、自分と外の世界とのつながりをつくっているところです。ころがるボールを見ながら距離感を体で覚え、空間の広がりを学んでいきます。また、市販のボールは速くころがり、手づくりのボールはゆっくりころがるなどの「発見」も、経験できることでしょう。

あそんでいるときにはいつも、「ボールが○○ちゃんのほうにころがっていったよ」「あ、ボールが止まった！」などのように、目の前で起こっていることを言葉にして説明してあげるようにします。

## 電話ごっこ

**社会**

手づくりの電話ボックスに入って、電話をかけるまねをします。
まねあそびは、社会性を育てます。

**準備**　子どもの体が十分に入る、大きめの段ボール箱を用意します（これが「電話ボックス」になります）。
受話器は、細長い段ボールを2つに折って携帯電話のような形につくります。コードはなくてもかまいません。

1. 段ボール箱を電話ボックスに見立てる

2. 細長い段ボールを折って、受話器をつくる

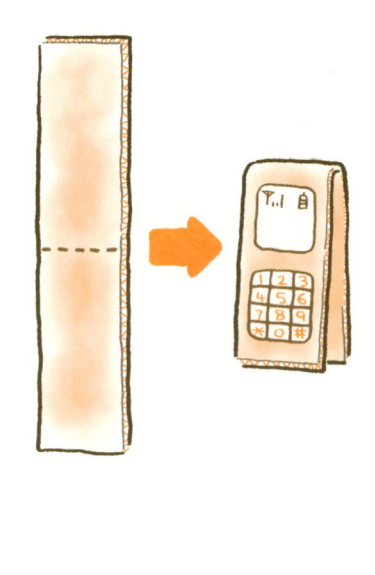

"電話ボックス"にするのは、話の内容に集中できるよう、相手の姿が見えない状態をつくり出すためです。

| 用意するもの | ● 大きめの段ボール箱 |
| --- | --- |
| | ● 厚手の紙（段ボール） |
| | ● はさみ、のり |

**1歳**

### あそび方

最初は、会話というよりも、かんたんな質問に答えていく形式で、あそびをすすめます。
段ボール箱に入った子どもに、「もしもし、○○ちゃん」と話しかけます。
子どもは、「○○は好きですか？」などといった質問に答えていきます。
(例)「今日はなにをしましたか？」「イチゴは好きですか？」など

最初は子どもと大人で、一対一であそびます。慣れてきて、ほかの子どもがそばにいる場合は、同じセットをもう1つつくって、子ども同士で会話させてみましょう。

### 脳育のポイント

電話という"言葉で表現する手段"を使って、社会とのつながりを育てるあそびです。大人との話でどのような反応をするかを見たり、きょうだいや友達とどんな関係をつくっているのかを見たりと、子どもの成長をかいま見るうえでも重要なあそびになります。

まず、自分の名前を伝えるところからはじめます。相手がだれなのかを知ることも大切です。自己と他者（大人や友達）との区別や関係のもち方などを学びます。

# 1歳のまとめ

生後1年が経過すると……
**考える基礎ができてきます。**
　例えば視覚の発達では、色の名称は言えないまでも、ほとんどの色を識別できるようになります。空間の広がりもわかるので、私たち大人が見ているのと同じように、遠近を感じながらものを見るようになってきます。赤ちゃんはようやく、この時期になって私たちと同じ質のデータを共有しはじめていると思われます。

**話す力が伸びる時期です。**
　1歳の最初の頃は、「単語」だけで話している場合が多いでしょう。1歳6か月くらいになると、2語文で「○○すき」「ワンワンきた」などと表現しはじめます。さらに2歳近くになると、自分の欲求を「あおいのイヤ、あかいの」と、「AではなくBだ」の"構造"で表現してきます。わずかな時間で、子どもの話す力は急速に伸びていきます。

**社会とのつながりが芽生えます。**
　1歳6か月頃ともなると、"友達"とのつながりを、「手をつなぐ」「ひっぱる」などという行為で表します。ごっこ遊びもし、大人への愛情や友達への友情の芽生えを感じさせる心の動きも出てきます。
　まだ、感情の中身を言葉で表現することはできませんが、感情の受け止め方や表現方法を、周囲の大人のまねをしたり、友達のまねをしながら学んでいきます。私たちの脳には、「まねる仕組み」（ものまね細胞）が備わっているのです。この「ものまね細胞」のことを、鏡に映すようにまねていく様子から、「ミラーニューロン」と呼んでいます。
　子どもは、多くの観察をはじめています。観察し、まねをする行動を通して社会への扉を開けて、「考える脳の基礎」をつくりはじめているのだといえるでしょう。

# 2歳

## 工夫する脳の基礎をつくる

## 言語　これ、な〜に？

ものの一部を見せて全体を想像させ、
名前を当てるあそびです。

### 準備

足が見えない机に、低めのスクリーン（ついたて）を用意します。なければ、いすといすの間に布をはって代用します。
品物は、普段、身のまわりにある、よく知っているものがいいでしょう。

［スクリーン］

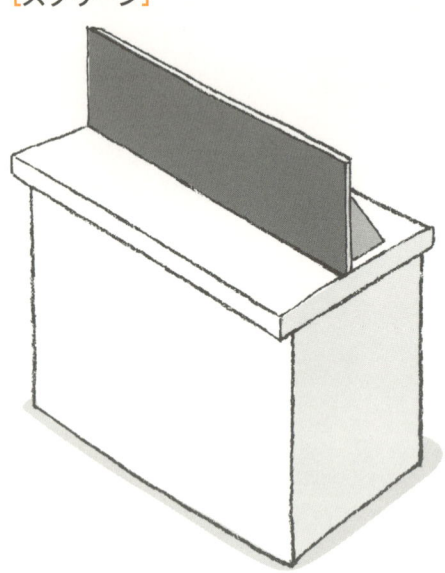

ついたてがないときは、いすといすの間に布をはって代用します。

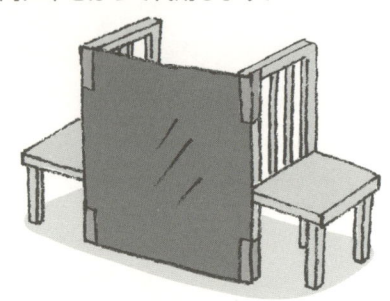

［身のまわりのもの］

用意するものは、普段、子どもの周囲にあるものや、身近な大人がいつも使っているものを選ぶようにしましょう。

### 脳育のポイント 1

例えばクレヨンの入れものであれば、子どもたちは普段、ほとんど上からしかながめていません。そこで、箱の裏から見せたり横から見せることで、ものを立体視することが必要になることを学びます。このあそびにはまた、見たものをきちんと記憶しておく「短期記憶」の力を養成するというねらいも含まれています。

| 用意するもの | ● 机（いす）<br>● スクリーン<br>● 身のまわりにあるもの |
|---|---|

**あそび方**

スクリーンの後ろにいる大人が、ものの一部を見せながら「これな〜に？」と子どもたちにたずねます。当たれば、別のものに交換して、同じようにたずねます。当たらなかったときには、ものを回転させたり、よく見えるようにもう少し出したりして、再度たずねてみます。

「これ、なーに？」

正解でも不正解でも、最後にはもの全体を見せて回転させながら、「これは○○です」とか「これは△△さんの○○です」と、答えをはっきり示します。
　一度出したものを、しばらくしてから異なった角度でもう一度出してみるのも、おもしろいでしょう。

**脳育のポイント 2**

　ものの一部から全体を想像することを通して、構成する能力を育てます。あるものの全体を知っている場合、脳は、その一部だけを見せられても、全体を見たときと同じ脳波（脳の神経細胞の活動を示す波形）を出します。例えば、バッグのひもだけを見せても、勘のいい子はその全体像を想像して、「あ、お母さんのバッグ」などと正解することができるのです。

　もののイメージは、人間の脳の側頭部の後ろのほうにまとまって整理されているという実験結果があります。普段はあまり意識していませんが、視覚がとらえたもののイメージとその名前を結びつけるのは、かなり高度な脳の働きです。

# パズルであそぼう

「ジグソーパズル」を使って、
絵全体を構成する力を養います。

**準備**
大きめの画用紙を4枚（縦2×横2）並べて、単純な線や色で絵を描きます。完成した絵を最初に見せてから、バラバラにして床に置きます（これで、4ピースのジグソーパズルの完成です）。
絵の再構成のしやすさや子どもの関心などによって、ピースを増やすかどうかを考えてください。

**1. 大きな絵を描いて**

**2. バラバラに置く**

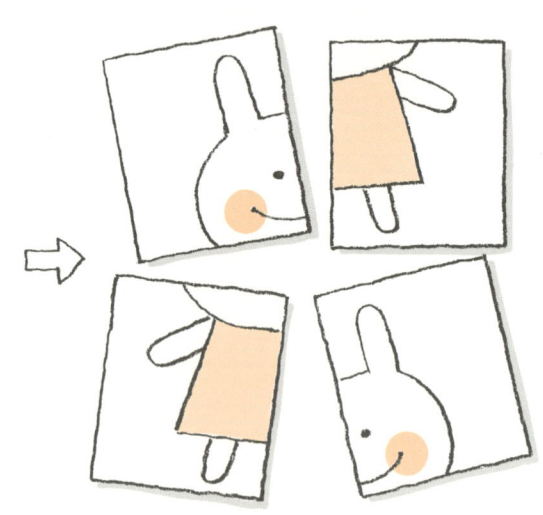

床に置いてあそぶ場合、縦60cm×横40cm程度の大きい絵が望ましいので、大判のポスターの裏側を利用するのもいいでしょう。最寄りの駅などに頼んでおくと、期限が過ぎて不要になったポスターをもらえることがあります。

**脳育のポイント 1**

パズルは、ものを再構成する力を養います。これは、全体を考えるという点で、絵を描く基礎をつくるのにとても有効です。同時に、忍耐や持続力といった精神的な側面も養います。こちらは、自分で絵を描きはじめたとき、最後までやりとげる力につながります。

| 用意するもの | ●画用紙（ポスター）<br>●ポスターカラー、クレヨンなど |

---

**あそび方**

完成品を見たあとで、バラバラになった絵を並べ替えて、もとの大きな絵にもどします。ほかの子どもが一度完成させたジグソーパズルでも、またバラバラになると、案外わからないものです。
　２〜３人のグループで、協力し合いながら解くのも楽しいでしょう。

「どこかな？」

### 脳育のポイント２

　パズルをとくには、部分と全体とのバランスを常に考えなくてはなりません。このあそびを通して、工夫する力を養います。また、２歳児というのは、友達への関心が芽生え、じっと見つめたり、意識したり、まねをしたりする時期です。この時期に小さなグループでいっしょになにかを行うことも、大切な経験になります。

このあそびの発展型として、子どもたちが普段から慣れ親しんでいるキャラクターとその持ちものを揃えるといったあそびも考えられます。

# 迷路あそび

迷路を使った空間移動で、空間認知能力を高めます。

## 準備

段ボール箱をつなげて、子どもがはっていける迷路のトンネルをつくります（迷路全体がトンネルになっていなくてもかまいません）。

- 段ボール箱の壁面には、明かりとりの小さい窓を開けます（首が入ってしまわないよう、窓の大きさには気をつけます）。
- 完成したトンネルは、くずれないように、いすや机などで支えます。

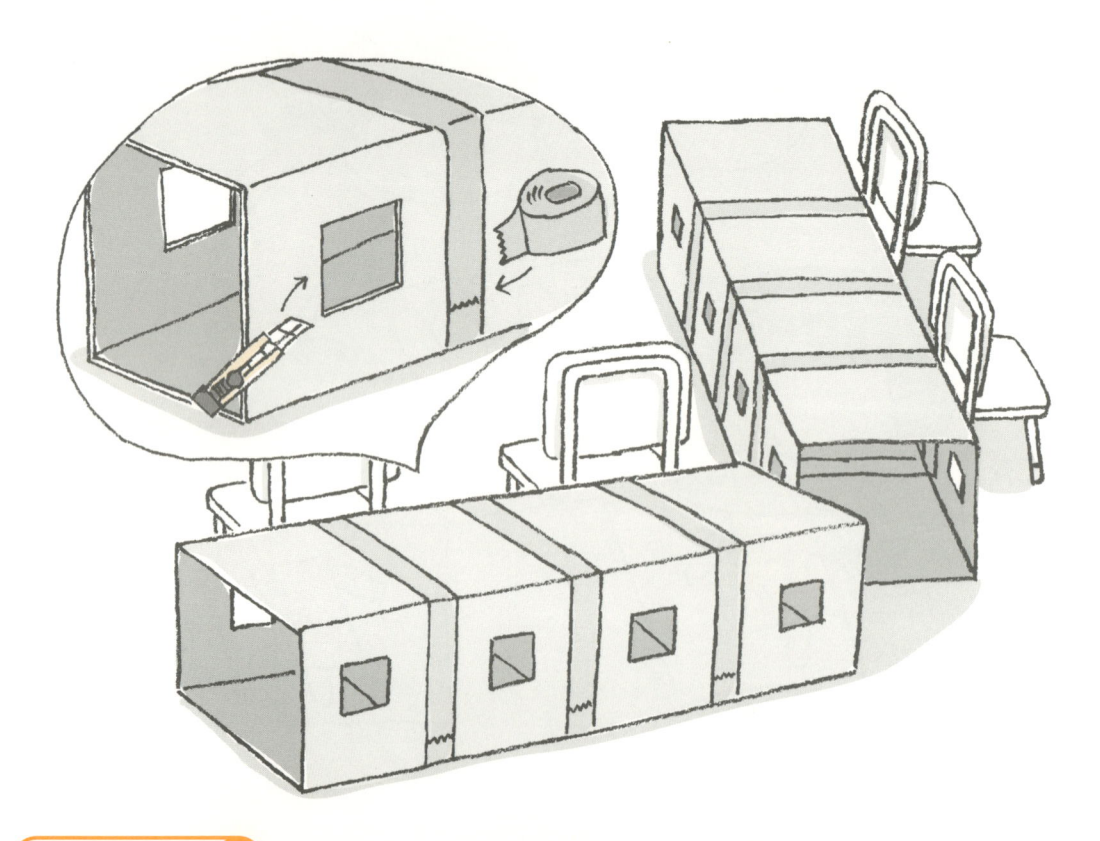

## 脳育のポイント 1

体全体を使って体験する空間移動です。出発からゴールまで、自分が今いる位置を大まかに把握する力を養います。

| 用意するもの | ● 段ボール箱<br>● カッター、ガムテープ<br>● いすと机 |

**あそび方**

2人1組になっていっしょに迷路をすすみ、ゴールをめざします。
最初に「あそこが、ゴール。さぁ、どう行けばいいかな?」などと声をかけ、ゴールまでの道すじを考えるように促します。

**2歳**

さぁ、どう行けばいいかな?

**脳育のポイント 2**

2歳くらいになると、空間認識が発達してきます。そして、トンネル内をどのように移動すればちゃんとゴールまで行けるのか、目的地までの目算が、ある程度できるようになります。また、トンネルの外をジャングルや宇宙などに見たてて想像を促すと、空間認識力、想像力、位置認識力などさまざまな要素を一度に活用しはじめます。トンネルという閉鎖空間ですべての感覚がとぎすまされるので、非常にいい刺激となるでしょう。

男の子は、アンドロゲンというホルモンの分泌により、段ボール箱に体当たりしたり、押したりして楽しむ傾向があります。女の子は、エストロゲンの影響で協調的になります。2人1組になるときには、男女の組み合わせがいいでしょう。

**論理数学**

# 数と色と形でえらぼう

画用紙の上に並べた色紙から、規則性を見つけ出すあそびです。「集合」の基本に慣れます。

### 準備

赤、青、黄色など、3色類以上、各3枚の色画用紙を用意し、それぞれ四角形、三角形、円を切り抜いておきます。画用紙にクレヨンで色をつけてもかまいません。

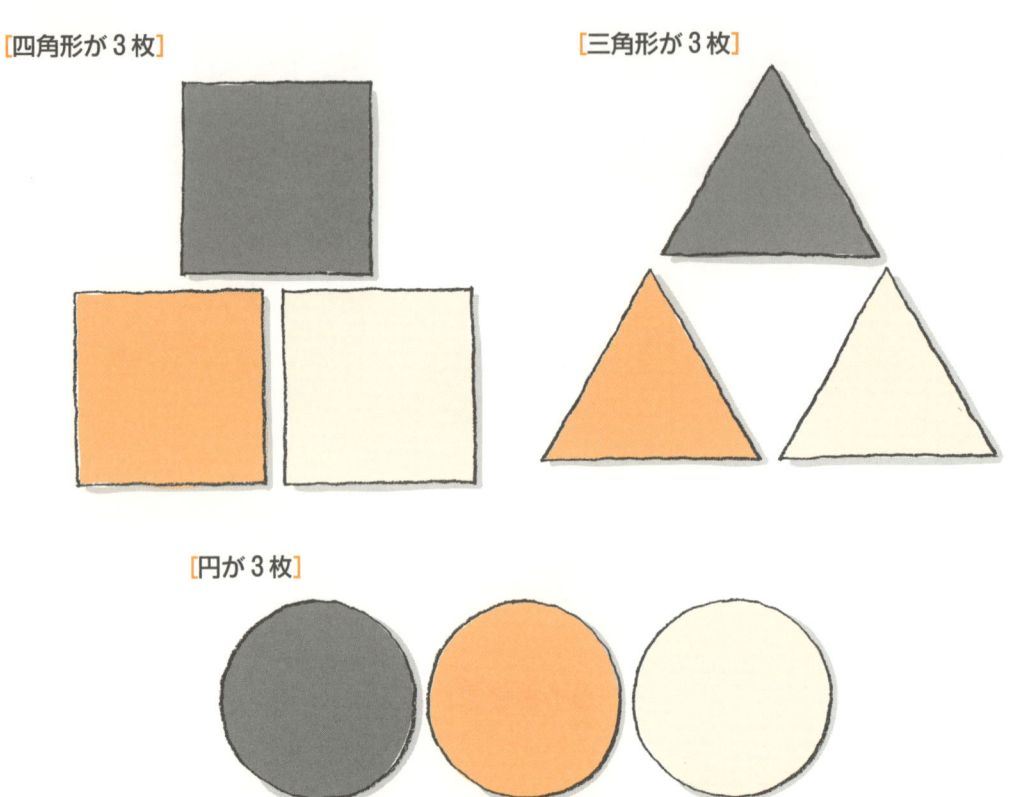

[四角形が3枚]

[三角形が3枚]

[円が3枚]

### 脳育のポイント 1

色、形、数のうちのどれかが共通していることを感じとるあそびです。共通しているのが、色でも、形でも、かまいません。子どもたちの目は、自分がいちばん興味をもっているものに向かうと思われます。

**用意するもの**
- 色画用紙（3色以上、各3枚）または画用紙とクレヨン
- カッター、はさみ

## あそび方

最初は、形で合わせます（同じ形のものを3枚、集めます）。
※例えば、四角形を手に持って「この四角と同じ形のものを見つけて」などと言います。
つぎに、色で合わせます（同じ色のものを3枚、集めます）。
※例えば、赤い色の三角形を持って「これと同じ赤のものを見つけて」と言います。
最後は（ちょっとむずかしいですが……）、全部ちがう色、ちがう形のものを集めます。
※赤い四角形、黄色の三角形、青い円を持って、「赤、黄、青、みんなちがう色を集めてみて」などと言います。

**2歳**

「これと同じ赤いものを見つけて」

### 脳育のポイント 2

2歳になるとほとんどの色の識別ができますから、どうしても色に関心がいきます。そんななかで、形だけが同じもの、全部ちがうものを集めていくと、「集合」の概念が次第にわかってきます。また、赤、青、黄色の基本色は名前で言え、四角形、三角形、丸などの言葉がわかるようになりますから、より複雑なあそびへの可能性が広がります。

好奇心がいっぱいに広がる時期です。まわりにあるものがいろいろな形・色をしていることに驚き、感心します。例えば積み木を手にとり、いろいろな面が組み合わさっていることを、言葉ではなく感覚から知るようになります。

# 音楽に合わせて動こう

音楽に合わせて体を動かすことで、
音楽の楽しさ、動くことの楽しさを感じるあそびです。

**準備**
ピアノやオルガンなどを使って、クラシックから童謡、アニメソングまでいろいろな曲を演奏します。比較的ゆっくりした曲がいいでしょう。1曲あたりの長さは20〜30秒程度、全体で2〜3分ほどにまとめます。

音楽を編集できる装置（カセット付きCDレコーダーなど）があれば、比較的かんたんに、いろいろな音源から曲を集めて、あらかじめまとめておくことができます。

| 用意するもの | ●ピアノやオルガン<br>●音楽CDやテープ、プレイヤー |

**あそび方**　最初は、音楽を流しながら、大人が首や手を動かしてみせます（右手、左手、右足、左足……などと声に出しながら動かします）。
子どもたちに、まねをするように促します。
曲が変わったら、動きも変えるようにします。

**脳育のポイント**

音楽に体の動きを合わせる（身をまかせる）ことで音楽の楽しさを味わってもらおうというのが、このあそびのいちばんの目的です。体を動かす喜びを知った子どもは、音楽を楽しいものとして抵抗なく受け入れ、自分のものにしていくことができます。また、音楽に身をまかせるということは、その音楽に合わせて自分の感情を表現するということにもつながっていきます。

ここでもミラーニューロン（「ものまね細胞」P.42参照）が大きな役割を果たします。まずは、大人や友達の動きをまねることからはじめます。

## リズム体操あそび

**身体運動**

音楽に合わせて体を自由に動かすことで、
身体表現の楽しさを味わうあそびです。

### 準備

前ページの「音楽に合わせて動こう」と似ていますが、こちらは自由に体を動かします。
ピアノやオルガンなどを使って、クラシックから童謡、アニメソングまでいろいろな音楽を演奏します。比較的リズミカルな曲がいいでしょう。1曲あたりの長さは20〜30秒程度、全体で2〜3分にまとめます。
乳酸飲料の容器を使って、小さなマラカスを手づくりします。

[マラカスのつくり方]

1. 乳酸飲料の容器を、2つ用意する

2. 中に数粒の大豆を入れ、つなぎ目をビニールテープでとめる

音楽を編集できる装置（カセット付きCDレコーダーなど）があれば、比較的かんたんに、いろいろな音源から曲を集めて、あらかじめまとめておくことができます。

### 脳育のポイント 1

リズムというのは時間感覚（時間の長短）で、左脳がこれをコントロールしています。この左脳はまた、「数える」という働きにも関係しています。音楽を楽しむことと、数を数えるというのは、別のことのようでいて、じつはかなり近い関係にあるというわけです。

**用意するもの**
- ピアノやオルガン
- 乳酸飲料の容器／ビニールテープ
- 大豆（小さな豆類）数粒

### あそび方

最初は、音楽を流しながら、大人が首や手を動かしてみせます。
子どもたちにも、自由に体を動かすように伝えます。
曲が変わったら、動きも変えます。
手づくりのマラカスを振りながら踊ると、楽しさもさらに増してきます。

### 脳育のポイント 2

　音楽に動きを合わせることを通して、体で表現する楽しさを知ることが、このあそびのねらいです。子どもたちは、自由に動きながら、まわりの子どもとぶつからないようにしたり、音楽のスピードに合わせるなどいろいろな対応を同時に処理しますので、けっこう頭を使っていることになります。

「自由に」といっても、なかなか自由には動けないものです。気軽に、手足でリズムをとって楽しむことからはじめるといいでしょう。音楽に「のる」ことができれば、体はリラックスして自然に動き出してくるものです。

# お手伝いあそび

**社会**

お手伝いを通して、
社会的能力を養います。

**準備**　なじみのある野菜、道具、おもちゃ、お菓子などを、あらかじめ画用紙に描いて、切りとっておきます。
ダンボール箱の一つひとつを、それぞれのコーナーにします。

[品物]

[完成したコーナー]

やさい　ぶんぼうぐ　おもちゃ　おかし

絵でなく実物をそろえると、よりリアルで、楽しくあそぶことができるでしょう。

**用意するもの**
- 画用紙
- クレヨン
- はさみ
- 段ボール箱4つ

### あそび方

野菜コーナー、文房具コーナー、おもちゃコーナー、お菓子コーナーの箱に、それぞれの品物を描いた紙を入れておきます。最初に、「はい、キュウリが入っています」「こっちには、お人形」などと確認するのもいいでしょう。
その後、子どもに「トマトをとってきてください」などとお手伝いをたのみます。子どもは、トマトがあるコーナーを探して、箱からとってきます。
※一対一でもあそべますが、2人1組にすると「協力」という要素も加わります。

慣れてきたら、コーナーをまわって複数のものをとってくることに挑戦してみましょう。一度に覚えておくものが増え、「短期記憶」の訓練になります。

### 脳育のポイント

お母さんのお手伝いをするという想定で、それぞれのコーナーに行き、たのまれたものをとってくるというあそびです。ここではまた、「はい、わかりました」「○○をもってきました」などが言えるようにしていきます。これは、大人がしていることをまねする「ミラーニューロン」(「ものまね細胞」P.42参照)を働かせることにもなります。

野菜コーナーには野菜、おもちゃコーナーにはおもちゃといった、「集合」の感覚が基礎になります。あそびを通して「集合」「仲間集め」の概念を覚えていきます。

# 2歳のまとめ

2歳になると……
**理解できる単語の数と話せる単語の数が急激に増えます。**
　それだけいろいろなことを考えるようになったということで、別の表現（言い換え）を工夫するにも、バラエティーが増えることになります。また、言葉あそびにも興味をもちはじめます。ある程度自分の経験に近い話などに興味を示します。

**パズルに興味を示す子どもも出てきます。**
　これは、難題にあたって、自分で工夫して切り抜けることに興味が出てきたことを示しています。興味のある乗り物や動物のパズルなら、関心が持続します。試行錯誤を繰り返すというのは、脳を鍛える基本です。迷って、失敗して、自分で工夫して答えをつかむのです。完成するまであきらめない、我慢するといった経験が、感情のコントロールの基礎をつくります。

**友達との間に競争心が現れるのは、成長の過程では当然のことです。**
「自分」という観念が生まれます。そこから「ぼくたち」や「わたしたち」と範囲を広げ、友達との結びつきや友情が生まれます。その裏返しとして競争が、愛情の裏返しとしては嫉妬がともないます。友達に対する好き嫌いも出てきます。社会に出て感じる自然な人間関係が芽生えつつあるところだと思われます。

# 3歳

## 推理する脳の基礎をつくる

## 言語 説明あそび

普段使っているものや目にするものを、言葉で説明するあそびです。

### 準備

子どもたちが普段よく目にしているものを、テーブルの上に並べておきます。例えば……

[チューリップ（花）]　[花びん]　[うさぎの人形]　[にんじん]

[スコップ]　[バケツ]　[コップ]　[牛乳]

[クレヨン]　[画用紙]　[CDプレイヤー]　[CD]

### 脳育のポイント 1

「説明」ができるということは、その品物が使われる場所、使う人、用途が理解できているということです。例えば、カバンの中に入っているものをちゃんと言えるなら、脳の中には「集合」の考え方ができはじめているということになります。

| 用意するもの | ● 身近にあるもの、いろいろ |

**あそび方**

順番にテーブルに行って、置かれた品物の中から「仲間」のものを見つけて、持ってきてもらいます（例えば、チューリップと花びんなど）。仲間が見つかった子どもには、なぜそれが「仲間」なのかを説明してもらいます。

もし、仲間が見つからなかったときには、どれか品物を持ってきてもらい、それは「なにに使うの？」「だれが使うの？」など、質問してみます。

**脳育のポイント 2**

　ものを理解しようとするとき、脳は、最初にその品物の"範囲"を知ろうとします。例えば"ほうき"なら、「はくために使う」「そうじに使う」「きれいにするために使う」など、それをどのように使うのかという範囲をまず大まかに理解するのです。そしてつぎに、「ほうきで、はく」「ほうきで、そうじする」「ほうきで、きれいにする」と、品物と動作とを結びつけます。動作と品物との結びつきが強くなれば、どちらか一方を示せばもう片方は自動的に引き出すことができるようになります。

おもちゃを組み合わせてあそびはじめた頃が、このあそびを行う目安です。花びんに花をさして「かざります」、画用紙とクレヨンを持って「絵を描きます」などと、目的に合わせて組み合わせを考えます。

# ふえふえ絵本

毎日羊が増えていく、
数の不思議さを実感するあそびです。

### 準備

羊の絵を描いた画用紙を準備します。
羊が2匹描かれたもの：4枚
羊が1匹、羊が2匹、羊が3匹、羊が4匹、それぞれ描かれたもの：計4枚

---

「羊ふえふえ物語」

メエメエ王国の王様の馬車が倒れて困っていたところ、ちょうど通りかかった若い羊の番人が、怪力で馬車を持ち上げ、王様を助けました。喜んだ王様は、若者にお礼に羊をあげることを約束しました。「どちらか、好きなほうを選びなさい」と言います。
① 4日間、毎日2匹ずつあげよう。
② 4日間、1日目は1匹、2日目は2匹、3日目は3匹、4日目は4匹あげよう。
さて、若い羊の番人は、どちらを選んだでしょう。あなたなら、どちらを選びますか？

| 用意するもの | ● 画用紙<br>● ひも |

## あそび方

左ページ下の「羊ふえふえ物語」を読んで、自分ならどちらを選ぶかを決めてもらい、それぞれグループに分かれます。
①を選んだグループには、2匹の羊が描かれた画用紙を毎日1枚わたします。
②を選んだグループには、1日目は1匹、2日目は2匹…というように、1匹ずつ増えていく画用紙を毎日1枚わたします。
4日目、画用紙を綴じてできあがった絵本をぱらぱらめくってみると……。

ひつじさん たっちゃんちへ くるんだよ

もちろん、実際に4日間かけてあそばなくてもかまいません。ちょっとした場面転換の言葉を入れて、時間の区切りを表します。

### 脳育のポイント

これは、数の感覚を、体験的に知っていくあそびです。羊が毎日2匹ずつ登場するのと、1日たつごとに1匹ずつ増えていく場合とを、絵を通してくらべてみると、後者からは数がダイナミックに"動いている"様子を、より感覚的に感じとることができます。

最初から羊の絵が描いてある画用紙をわたすのでなく、マス目だけが描かれた画用紙に自分で羊のシールをはっていくのもおもしろそうです。実物と数の対応はけっこうむずかしいのですが、それを体験的に身につけることができます。

# 影絵あそび

ものを直接見るのとちがって、
映った影はそのものの一面だけしか伝えていないことを知ります。

**準備** スクリーンと懐中電灯、影絵に映す積み木や身のまわりのものを準備します。

[積み木]

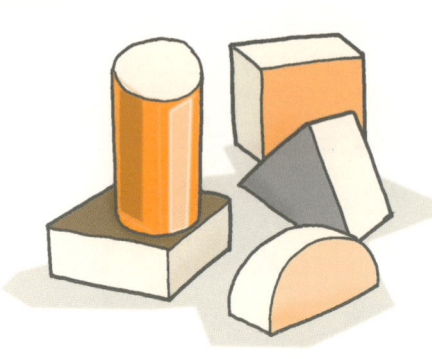

[スクリーンと懐中電灯]

段ボール箱の底を切り落とし、
白い布をはります。

[身近にあるもの]

**脳育のポイント 1**

　立体物の影には、その一面の形しか映らないことを知るでしょう。とくに、真横から見た円錐は三角形に、円柱は四角形に見えることに、驚きます。正解を知ることで、立体図形というのはさまざまな面が組み合わされているのだということを知ります。

| 用意するもの | ● スクリーン（白い布）<br>● 積み木<br>● 身近にあるもの<br>● 懐中電灯 |
|---|---|

**あそび方**

スクリーンの後ろにものを置き、懐中電灯で後ろから光を当てて、その影がなにかを当てさせます。正解が出なかったら、立体のちがった面から見せて、再度推理してもらいます。最後に実物を見せます。

3歳

手に持ってるものな〜にかな？？

山！！やま〜！！

おにぎり〜！！

**脳育のポイント 2**

「これは、なんだろう？」と推理することからはじめる、脳の体操です。答えを知る前に、なんとか自分で考え、推理することが大切です。すぐに答えを教えてもらったりするのではなく、まず考えてみることが、脳の発達のもととなります。

手でいろいろな形をつくって「見たてる」ことはあそびの基本で、その後の「ごっこあそび」につながっていきます。見たてるというのは想像力の発揮であり、話や劇を楽しむ力を養います。

# くらべっこあそび

論理数学

一見ちがったように見えるものでも、
きちんとくらべてみると、同じだったりします。

**準備** 錯視の絵を、なん種類か用意します。

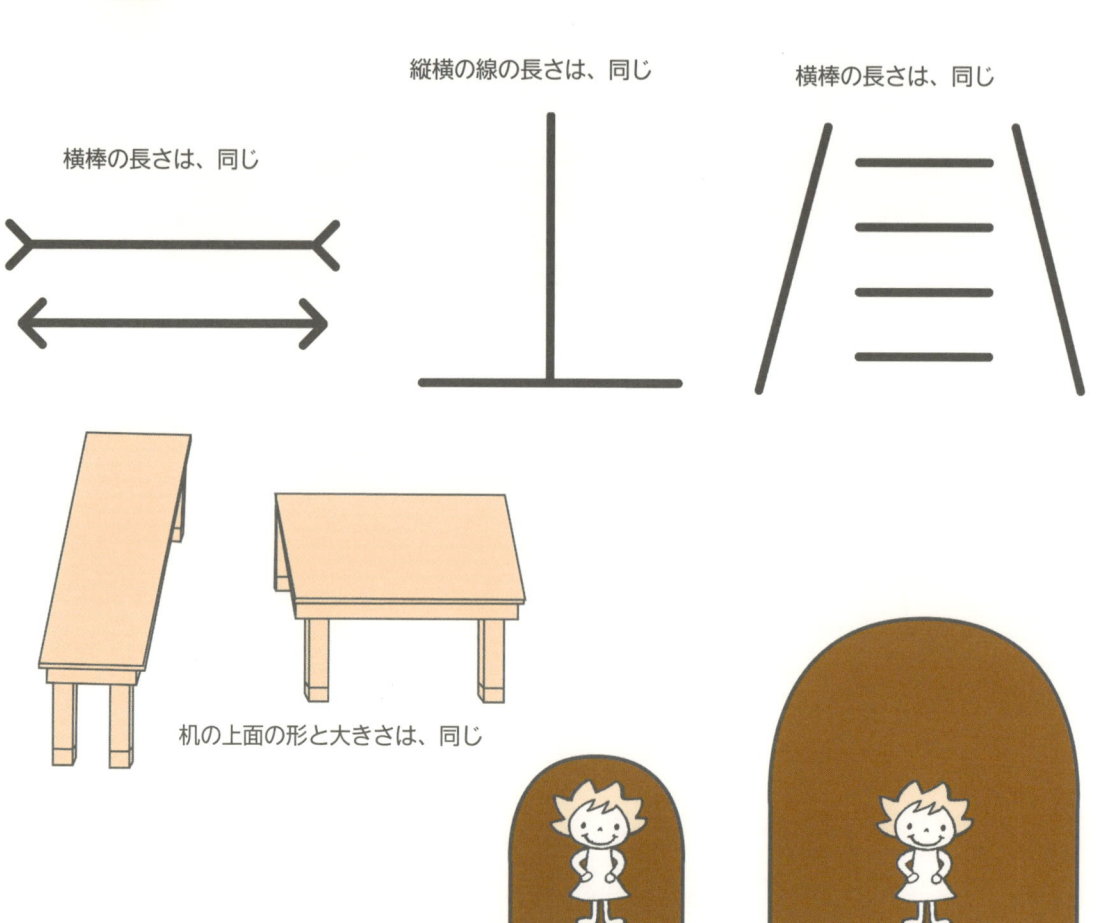

横棒の長さは、同じ

縦横の線の長さは、同じ

横棒の長さは、同じ

机の上面の形と大きさは、同じ

中に見える人の大きさは、同じ

| 用意するもの | ●錯視絵 ●ひも |

### あそび方

左ページの見本の絵を拡大コピーするなどして、ボードにはります。
それぞれ、どちらが長いか、あるいは同じかたずね、返事を聞いてから、自分で確かめるよう促します。ひもを使って、実際に長さをくらべてみましょう。

**3歳**

おんなじ〜

ありゃ?!

### 脳育のポイント

これは、観察と実験を促すあそびです。同じように見えて実際はちがうもの（円と楕円、四角と菱形）、ちがうように見えても実際は同じもの（階段など）というのは、身のまわりに案外たくさんあります。推理するだけではなく、実際に測定してみることが大切です。

見た目はちがう長さに見えるのに、実際にはかってみると同じだとわかります。しかし、同じ長さだとわかっていても、やはり「ちがって見える」から不思議です。積み木などの「形はめ」ができる頃が、このあそびを行う目安です。

# 音楽に合わせてポーズ

演奏している楽器が変わったら、
それに合わせてポーズを変えるあそびです。

**準備** 3種類の楽器を用意します。
タンバリンの音が聞こえたらどちらかの足を上げる、鈴が鳴ったら手を上げる、カスタネットの音ならしゃがむ……などのルールを決めておきます（このルールを覚えることが、「短期記憶」です）。

[タンバリン＝足を上げる]

[鈴＝手を上げる]

[カスタネット＝しゃがむ]

**脳育のポイント 1**

脳の発達の関係で、3歳あたりではまだ、楽器の音色にまでは注意を払わないことが多いようです。そこで、あそびながら楽器の音色に注意を払うようにします。

| 用意するもの | ● 3種類の楽器(タンバリン、鈴、トライアングル、カスタネットなどから) |

**あそび方** 大人が楽器を持って前に立ち、楽器の音に合わせて決められたルールに従ってポーズをとります。
続いて、子どもにやってもらいましょう。

せんせい まちがえた〜!!

アララ〜

**脳育のポイント 2**

短期記憶と音楽との楽しい融和です。短時間でルールを覚えてすぐに音楽と動作を合わせるのはむずかしいようですが、とても楽しく、慣れてくればけっこうできるようになります。短期記憶ですから、しばらくすると別のルールに変えてみます。すると、前のルールが消されていない子が出てきます。これは、「音楽」と「動作」の結びつきの強さによるものです。

最初に楽器を続けて鳴らして([タンバリン]→[鈴]→[カスタネット])、そのあとで動作をまとめてつなげて行う([足を上げる]→[手を上げる]→[しゃがむ])など、あそび方を応用することもできます。

# 合図あそび

**身体運動**

色のカードによる合図で、「動物」になって動きます。

## 準備

赤、青、黄、緑のカード（うちわ）を用意します。厚紙に色紙をはるか、クレヨンで色を塗るなどしてつくります（P.28の「リズム言葉あそび」参照）。
赤＝ゾウ、青＝カメ、黄＝ウサギ、緑＝サルなどと、色を動物に置き換える合図を決めておきます。

［赤＝ゾウ］

［青＝カメ］

［黄＝ウサギ］

［緑＝サル］

### 脳育のポイント 1

人間のもっている、合図（シンボル）を動作に置き換える脳の働きを使います。また、合図をしばらく覚えているということでは、短期記憶の訓練にもなります。

| 用意するもの | ● 赤、青、黄、緑の色紙<br>● 厚紙、のり<br>● 音楽CDとプレイヤー |
| --- | --- |

### あそび方

曲の調子に合わせて大人が、赤、黄、緑……などのカードを掲げます。子どもは、その合図に応じて動物になります。

動きは自由です。ゾウになって鼻を振る、ウサギになってはねるなどは、子どもの自由にさせます。様子を見て「ストップ」と言います。動作をそのまま止めて、静止を保ちます。このときの格好がおもしろかったら、ほめてあげましょう。

最初は音楽を流さないで、色とそれにともなう動作の確認だけをします。慣れてきたところで、音楽を加えるようにしてください。

### 脳育のポイント ❷

色を識別するのは脳の「視覚野」で、動きの認識はその上のほうにある「頭頂連合野」の役割です。色を見て、それを動作に変換することで、脳の複数部分を活性化させます。慣れてくると、色から動作への変換がぐっと速くなります。これは、脳の中で変化が起きていることを表しています。

「ストップ」は、前頭連合野がコントロールしている働きです。動作を途中で静止すると前頭連合野を刺激することになり、その働きを鍛えることにつながります。

# なりきりあそび

社会

物語に登場してくる主人公になりきる、
ロールプレイあそびです。

**準備** 最初に、絵本を読んで聞かせます。擬人化した動物が登場する絵本などは、物語に夢があり、多くの子どもが喜びます。

そこになんとおおかみが…

### 脳育のポイント 1

　子どもは、大人が予想もしていなかったような場面に興味を示し、しぐさをまねることがあります。これは、たびたび紹介している「ミラーニューロン」(ものまね細胞)という脳の神経細胞群の働きによります。この働きは、対象となるものに「共感」をもっているときに強く表れます。主人公や登場人物に親しみや共感を覚えることが大切です。

| 用意するもの | ●感情移入しやすい物語絵本 |

### あそび方

最も印象に残ったシーンや動作を、実際にやってもらいます。
特徴をよくつかんでいたり、ユニークな発想が見られたりなど、いいところが見られたら、どんどんほめます。

ぶたくん つよいなあ

やっつけるぞぉ〜

### 脳育のポイント 2

ある状況で、人（主人公）がどのような行動をするのかを予想したり、自分がどうすればいいのかを判断することが要求されます。この状況ならどうするかを「推理」し、組み立てる脳の働きを促します。また、役になりきることで、「他人」の気持ちを察するという、3歳頃から芽生える心理の発達を促します。

発達段階に応じて、観客であるほかの子どもを意識するようになります。「自分がどう見られているか」も推理しますので、どのような役柄に「なりきる」のかは、どう見られたいのかということを示すこともあります。

## 3歳のまとめ

3歳になると……
「部分」と「全体」の認識が生まれます。
　例えば色に関していうと、クレヨン全体からどの系統の色を使っているのかを漠然とながらも理解していきます。絵本に対しても、ストーリー全体を理解する力がついてきます。物語の最初のほうで出てきたキャラクターがその後どうなったのか、主人公は最後にどうなったのかなど、かなりきちんと理解しているようです。

**話すときに4～5語の文で伝えることができます。**
　3歳児の言葉の変化は、目を見張るものがあります。3歳になりたての頃の語彙は700～800語なのですが、4歳直前くらいになると、2000語以上にまで増えています。平均すると1時間に1単語を習得しているという研究報告もあります。また、言葉のリズムに興味をもったりして、伝える喜びを見いだす頃です。過去形などを使って経験を伝えたりもできるようになります。4～5語の文での会話となると、自分のかなり複雑な意思も伝えることができるようになります。ですから、生活に必要な言葉がある程度わかる3歳児は、「したいこと、してほしいこと」を言葉で表すようになります。
　このように急激な成長が見られるため、生まれ月による差が大きいのも、この頃の特徴です。差はいずれ縮まってきますので、この段階ではまだ、そう深刻に考えることはありません。

**人の感情に気がつくころです。**
　友達との仲間意識が出てきます。また、親しい人の感情に気がついて、その人が悲しんでいるのか、喜んでいるのかを、理解できるようになります。共感は人間関係の基本をつくりますので、大切にしたいものです。

# 4歳

## 判断する脳の基礎をつくる

# 文づくりあそび

言語
いうえおか
あ

かんたんなテーマに沿ったり、決められた言葉（単語）を使って、短い文をつくるあそびです。

**準備**　絵を描いたカードを数枚、準備します。絵は、海や山、車や人形など一般的なものでもいいですし、絵本やテレビ番組などに登場するキャラクターでもかまいません。

## 脳育のポイント 1

　4歳児が普段友達と話している様子をよく観察してみると、「あした晴れたら、おとうさんと遊園地に行くんだよ（条件）」とか、「しんちゃんていうのは、テレビまんがに出てくる男の子のことだよ（説明）」などと、かなり複雑な会話をしていることに気づきます。

　ところが、いざみんなの前でなにかを自由に話してもらおうとすると、まちがいを恐れてか、スムーズに表現できない子が少なくありません。

　ここでは、あそびを通して"メンタルブロック（恥ずかしいという気持ち）"をとり除き、他人の前でも自由に表現できるような力を養っていくことをめざします。

**用意するもの** ●絵を描いたカードを数枚

**あそび方**
最初に、大人がカードを1枚選んで、見本を見せます。
(例)「海の絵」を選んで、「わたしは　きのう　海へ行って　泳ぎました」
続いて、子どもたちに、同じように文をつくってもらいましょう。

> きのう じどうしゃで
> おばあちゃんの いえに
> いきました。
> おばあちゃんの のりまき
> おいしかったです。

少人数であそぶときには、1人ずつ順番に話してもらうようにしますが、人数が多いときには数人ずつに分けて、グループで1つの文を考えるのもおもしろいでしょう。

**脳育のポイント2**

平坦に淡々と説明する子どももいれば、抑揚をつけてリアルに話す子どももいて、多種多様な表現が見られます。4歳くらいになると、他人と比較しながら自分の行動や言葉や説明の水準を推し量って判断できるようになっていますので、友達の話す言葉を聞くだけでも刺激になります。最初は話せなくても、つぎは自分から積極的になる子どもも出てきます。

最初は、時制(過去・現在・未来)表現を気にする必要はありませんが、なん回かあそんで慣れてくると、おかしい部分があったときには指摘してあげるようにします。

# 形を描いてみよう

見本のカードに描かれた形を見ながら、同じように描いてみるあそびです。

**準備** 円や四角形などを描いた見本のカードを用意しておきます。同じ形でも、色や大きさの異なるものを複数用意しておいてください（大きい四角形、小さな四角形などを描き分ける楽しさを経験します）。

**1.** 1枚に1つの形を描く

**2.** 同じ形でも、大きさや色などを変えたものを用意しておく

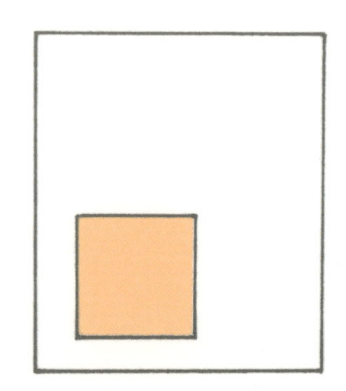

| 用意するもの | ●画用紙 ●クレヨン |

**あそび方** 見本のカードをそばに置いて、それをまねて描いてもらいます。

あくまでも「形や大きさを正確に描くこと」が目的ですから、ゆっくり、ていねいに作業するように導きましょう。また、最後までちゃんと描くということが、持久力をつける意味でも、あきらめない気持ちをもつ意味でも、大切です。

### 脳育のポイント

　図形を認識する能力は発達が速いのですが、「表現」する力は実際に経験を積み重ねるなかで徐々に育ってきますから、ある程度の訓練が必要です。個人差はありますが、例えば4歳児でも、練習すれば「斜めの線」が描けるようになります。斜めの線は、三角形や菱形を描くのに大切な線です。経験によって絵や形を少しずつ表現できるようになっていくのです。

手もとにある形を模写するのと、前にはり出された形を模写するのとでは、むずかしさがちがいます。この時期の子どもには、見本を手もとに置くやり方がベストです。

# 折り紙でつくる形あそび

前ページの「形を描いてみよう」の発展形。
折り紙を使って、いろいろな形をつくるあそびです。

**準備** 色や大きさの異なる折り紙を用意しておきます。
四角形（ひし形）や円などを描いたものも、用意しておいてください。

[いろいろな大きさ、色の折り紙]

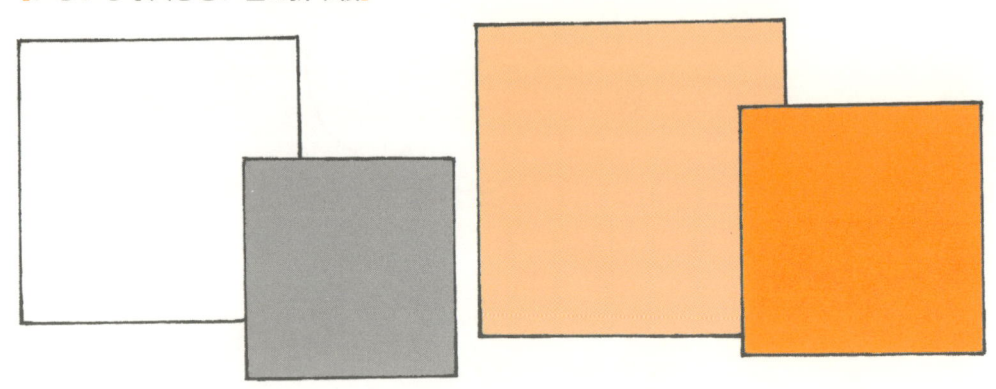

[四角形（ひし形）や円を描いたもの] 見本に使います

### 脳育のポイント 1

目で見たとおりに自分で紙を折れるようになるには、訓練が必要です。なにかを目的にして折ろうという気持ちが大切です。例えば「舟」や「飛行機」など、いろいろ試行錯誤することが、脳にとってはとてもいい経験になります。

| 用意するもの | ● 画用紙　● 折り紙　● はさみ |

### あそび方

まず、折り紙を折りたたんで三角形をつくってみます。四角形の中に三角形がかくれていることを知ります。

**1.** 折り紙を対角線で折れば、三角形が現れます

**2.** もう1回折ると、また三角形が現れます

**3.** 最後に開いてみると、三角形が4つ集まって四角形になっています

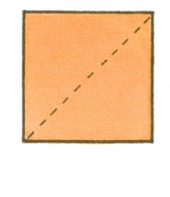

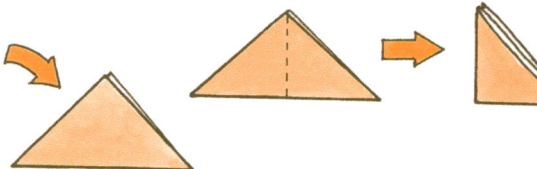

つぎに、見本の図を、実際に紙を折ってつくってみましょう。

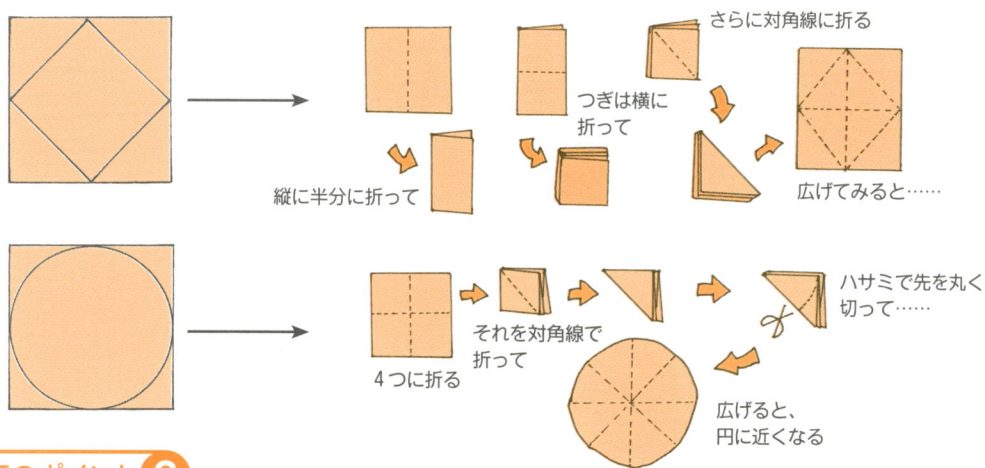

縦に半分に折って → つぎは横に折って → さらに対角線に折る → 広げてみると……

4つに折る → それを対角線で折って → ハサミで先を丸く切って…… → 広げると、円に近くなる

### 脳育のポイント ❷

　これまで線で表現していた四角形や三角形を、面でとらえていく練習です。少し慣れてくれば、立体の展開図形も、一つひとつは四角形の集まりだということに気がつきます。実際にお菓子の空き箱を解体して、1枚の紙からできていることを示してみるのがわかりやすいでしょう。これは、見本になる形と同じ形をつくる、相似形発見の力を育てるものです。

紙を折っていても、左右対称という感覚はまだ養われていない場合が多いようです。気がつくまでなん度も自分で取り組んでいかせるといいでしょう。

4歳

# トンネルあそび

空間

2歳児の「迷路あそび」(P.48) を発展させて、創意工夫を加えます。

## 準備

広めの部屋の角に立ち、そこから対角線上のゴールまで、段ボール箱のトンネルをつくります。ただし、一直線ではなく、必ず通るところを、コーンなどで示しておきます。

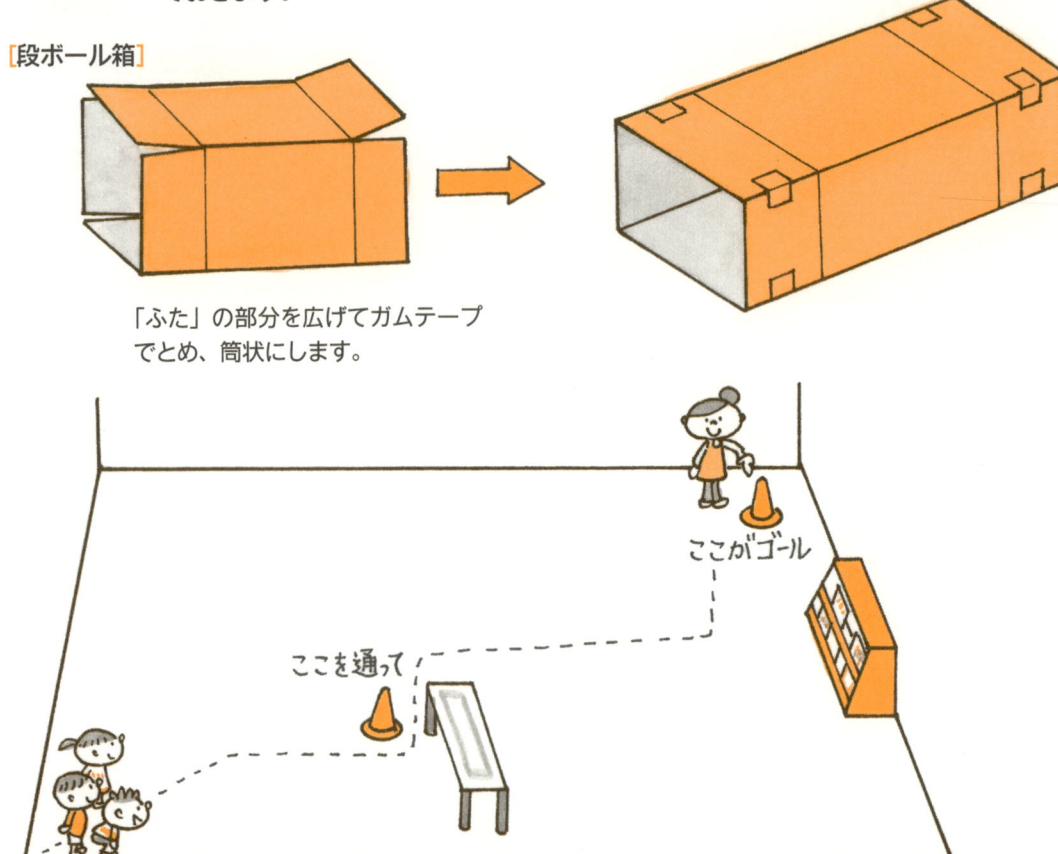

[段ボール箱]

「ふた」の部分を広げてガムテープでとめ、筒状にします。

ここを通って

ここがゴール

## 脳育のポイント 1

机の下を通り抜けたり、本を受けとったりと、ゴールに至るまでにいくつかの課題ポイントを設けておきます。その課題を達成できるように、トンネルを"設計"しなければなりません。これは、前頭連合野の働きである計画性や判断力を養うことにつながります。

| 用意するもの | ● 大きめの段ボール箱（多数）<br>● 目印となるコーンや旗<br>● ガムテープ |

**あそび方**
完成したら、1人ずつゴールをめざします。途中、いったんトンネルを出て「机の下をくぐる」「本を受けとる」などの課題ポイントを設けておくと、ゲーム感覚で楽しむことができます。

ゴール
本をとって
まがって
机の下をくぐって
スタート

**脳育のポイント ❷**

あそびには決まりごと（ルール）がつきものです。また、安全性の確保、仲間との協力、後片づけといったことも重要です。これらを総合しているのが、脳の「前頭連合野」といわれる部分です。空間能力を高めながら、それと並行して前頭連合野の働きも伸ばします。前頭連合野は4歳くらいから次第に育ちはじめますから、しっかりと育みたいものです。

「前頭連合野」の働きには、このほかに「判断」や「決定」があります。これは、生活のなかでのいろいろなことを子どもにある程度まかせることで、次第に伸ばせる能力でもあります。

# 箱であそぼう

牛乳パックを使った、
大きな積み木あそびです。

**準備** 牛乳パックで積み木をつくります。縦に細長い1000mlのパックを使います。数が揃わないときには、大きさの異なるものが混在していてもかまいません。

[牛乳パック]

あらかじめ上部を開いて全体で直方体になるように折り、ガムテープで留めておきます。

**脳育のポイント 1**

空間を上へ広げようとする能力をサポートしていくあそびです。高くなりそうでならないのが牛乳パックの塔。縦置き、横置きと工夫しながら積み上げていきます。倒れないように、友達と連携しながら共同作業でつくり上げていくなかで、社会性も養われます。

**用意するもの**
- 1000mlの牛乳パック（1グループにつき15箱程度）
- ガムテープ

**あそび方**
いろいろと工夫しながら、牛乳パックの箱をできる限り高く積み上げて、塔をつくります。友達と協力しないと、なかなかうまくいきません。

いくつかのグループに分けて、どのグループがいちばん高く積み上げることができるかを競います。スピードではなく、あくまでも高さを競います。

**脳育のポイント 2**

塔を高くするには牛乳パックを縦に使うのがいちばんなのですが、縦にばかり使ったのでは、安定しません。高く積み上げようとすればするほど、下を安定させる必要があるわけです。それらを考えるとき、脳の中では、牛乳パックに触れることで「体性感覚野」が刺激を受け、「視覚野」がバランスをとらえ、それらの情報をもとに手を添えて牛乳パックを積み上げるという、非常に高度な働きをしているのです。

くずれやすい牛乳パックを扱うときには、とくに微妙なコントロールが必要とされます。手や指の動きをコントロールしているのは「運動野」で、この部分を鍛えると集中力も増してきます。

# 数であそぼう

**論理数学**

1から10までの数を数えます。
たして5になる組み合わせを確認します。

**準備**

1枚の画用紙を4等分したくらいの大きさの画用紙に、りんごやみかんなどの絵を描いたものを用意します（絵は1枚につき1つ。全部で10枚＝例えば、りんご5枚、みかん5枚）。
「1、2、3、4……」と声に出して確認しながら、描いた絵の数を確認します。

**1.** 画用紙を4等分したくらいの大きさの紙

**2.** 1枚に1つの絵をかく

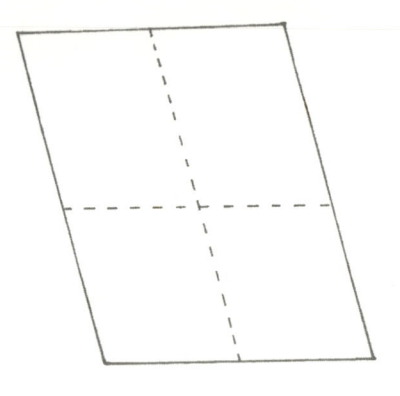

わりと単純な絵なので、子どもたちに描いてもらうのもいいでしょう。

**3.** 数を確認しながら、箱に入れる

いち・に・さん

**用意するもの**
- 画用紙
- クレヨン／はさみ
- 底の浅い箱（2つ）

**あそび方**

りんごの絵5枚を箱に入れます。
絵の入った箱から隣の箱へ、絵を2枚移します（もとの箱には、3枚の絵が残ります）。残りの数を、声を出して数えます。
移す数をランダムに変えて、5までの数字の組み合わせを見ていきます。

2枚うつすと のこりは3枚

5枚うつすと のこりは0

いつでも ぜんぶで 5枚！

最初はりんごだけを使って、5までの数の組み合わせを見ます。慣れてきたら、なん枚かをみかんに差し替えて、すこし複雑な組み合わせに挑戦してみます。りんごでもみかんでも、「数」自体は変わらないことを知っていきます。

**脳育のポイント**

たし算、ひき算を学ぶ基礎になるあそびで、4歳後半くらいが対象です。2つの箱の中の絵の数は、たすと必ず5になります。数を確認するとき、それぞれの箱の中の枚数を数えたあとで全体の数を数え、常に合計が5になっていることを確かめるようにします。

数の概念は、日常生活のなかで人数や積み木などを数えるうちに覚えていきます。「数はたしたりひいたりできる」ということを、感覚的に身につけるいい機会です。

# リズムに気をつけて

♪音楽

リズムを聞いて、速さをくらべたり、
自分で再現したりして、あそびます。

## あそび方 1

最初に大人が太鼓を等間隔で打ち、つぎに手拍子を打ちます。子どもは、手拍子のほうが速ければ右手、遅ければ左手を上げます。同じならとび上がります。基準の音（太鼓）のあと、課題の音（手拍子）を出すまでの時間を、次第に長くしていきます。

**1.** ドン、ドン、ドン

**2.** パン、パン、パン

[速い：右手を上げる]　[遅い：左手を上げる]　[同じ：とび上がる]

### 脳育のポイント 1

4歳ともなると、周囲のさまざまなものにリズムがあることに気がつきます。リズムを体得することは、音楽関係のさまざまな感覚を伸ばすだけでなく、運動感覚を伸ばすうえでも重要な役割を果たします。

用意するもの ● 小さめの太鼓など

### あそび方 2

最初に太鼓でリズムを示します。
それと同じリズムをなぞって、手で打ってもらいます。
基準の音（太鼓）を聞いてから実際に手で打って再現するまでの時間を、次第に長くしていきます。

**1.** ドン、ドン、ドド、ドン

**2.** パン、パン、パパ、パン

**3.** ドド、ドン、ドン、ドン

**4.** パパ、パン、パン、パン

けっこうむずかしいなあ

時間がたっても、覚えていられるかな……？

### 脳育のポイント 2

このあそびは、耳で聞いたリズムを再現する能力だけでなく、「短期記憶」を伸ばすことも視野に入れています。聞いてすぐになら、反覆するのも比較的かんたんですが、時間がたつほどに短期記憶は失われていきますので、再現するのがむずかしくなります。

自分のリズムとほかの人のリズムが同調していることを確認すれば、さらに楽しくなります。これは、物事を友達などといっしょにするという、「協調」へとつながっていきます。

**身体運動**

# バランスあそび

体操でいう「平均台」を、床の上で行う運動です。

## 準備

段ボールを細長く切ってつなぎ、平均台のようなものをつくります。
最初のうちは幅20cm、しばらく歩くと15cm、最後は10cm……というように、先に行くにしたがって幅を細くしておきます。
両面テープで床に固定したら準備完了。

はじめは幅20cm
途中15cmになって
さいごは なんと 10cm

これなら かんたん かも…

おっとっと…

### 脳育のポイント 1

4歳ともなると、片足で5秒以上立っていられたりと、大人に近い動きができるようになります。きちんとバランスがとれるように、脳が次第に成長しているのです。

| 用意するもの | ●段ボール<br>●カッター<br>●両面テープ（片面が軽い粘着性の、はってはがせるタイプのもの） |

**あそび方**　「平均台」の上を、一人ひとり、ゆっくりバランスをとりながら歩きます。

「幅の切り替わるところでは、片足で5秒程度立つ」などの"関門"を設けると、楽しくあそべます。待っているみんなは、「1、2、3…」と、声を出して時間をはかってあげましょう

### 脳育のポイント 2

バランスがきちんととれるということは、脳が体の情報を総合的に判断してコントロールしはじめていることを意味しています。慣れてくると、目を閉じたまま片足で立つこともできるようになるでしょう。この片足立ちは、左右、別々にするといいでしょう。どうしても「利き足」から先にやろうとします。これは利き足＝その反対の脳優位（左足が利き足なら右脳優位）のバランスとなります。両方のバランスがとれていることが大切です。

はがせるタイプの両面テープは、ホームセンターなどで「カーペット止め」などとして売られています。接着力の強いほうを段ボールに、弱いほうを床にはります。

## 社会  「ゴー」アンド「ストップ」

「ゴー」と「ストップ」の練習です。
「止まる」「止める」のは、なかなかむずかしいものです。

### 準備
2つの懐中電灯の光が出る部分にそれぞれ赤と青のセロハンをはって、「信号」をつくります。

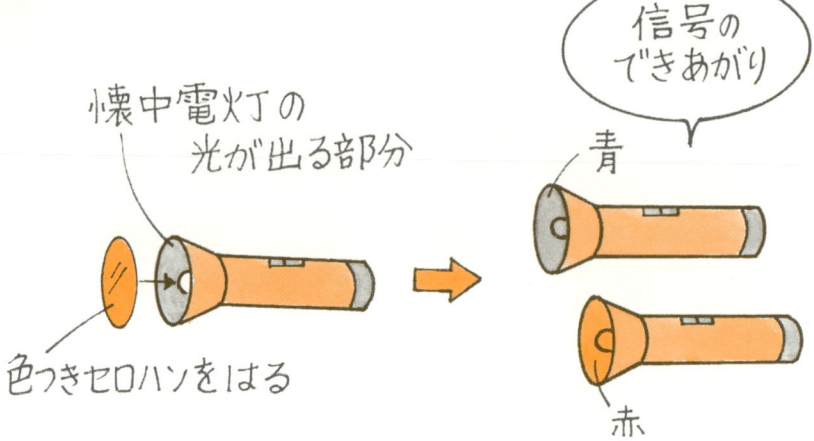

懐中電灯の光が出る部分
色つきセロハンをはる
信号のできあがり
青
赤

「リズム言葉あそび」(P.28) や「合図あそび」(P.70) で使った「うちわ」を信号に利用してもかまいません。

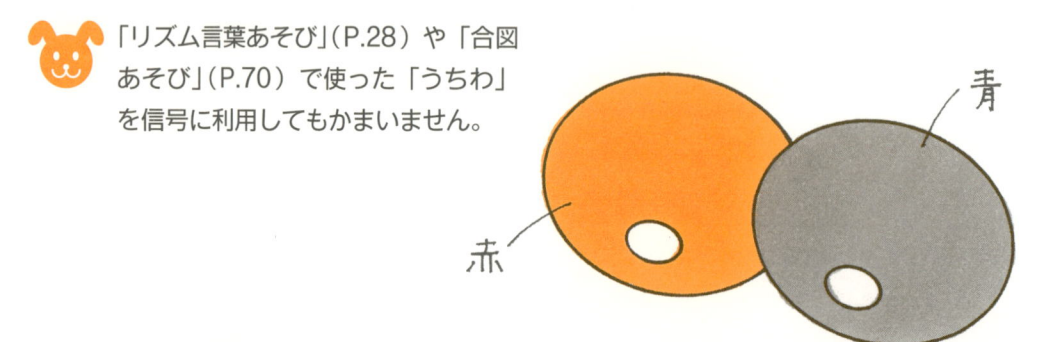

青
赤

### 脳育のポイント 1

「ゴー」状態のところに、前頭連合野を使って「ストップ」をかける練習です。普段、脳は「ゴー」のサインを出します。それが一定して続いていたり、ゆっくり切り替わるぶんには問題ないのですが、急にかかる「ストップ」命令には、あわててしまいがちです。しかし、この「ストップ」というのは、脳にとって非常に重要なものなのです。

| 用意するもの |
|---|
| ●懐中電灯2つ |
| ●青と赤のセロハン |
| ●セロハンテープ |
| ●カスタネット |

## あそび方

カスタネットを手に持って、一定のリズムで鳴らします。「青が点灯したらそのまま鳴らし続ける、赤が点灯したら止める」といったルールを、あらかじめ決めておきましょう。

うん　たっ　うん　たっ

うん　たっ

止まれなかった…

勝ち抜き戦で競争するなど、いろいろなあそび方を工夫してみてください。「青なら右手を上げ、赤なら左手を上げる」というようにルールを変えると、反射神経を養う練習にもなります。

### 脳育のポイント 2

　一定のリズムでなにかをしているときに急に「ストップ」するのはかなりむずかしく、とても高度なあそびです。「ゴー」や「ストップ」の行動は、前頭連合野からの指令に従ってコントロールされます。行動にストップをかけるのは、ある意味けっこうなストレスなのですが、それは「我慢」や「忍耐」を養うことにもつながります。

最近、この「ストップ」がうまくできない子どもが増えていることが指摘されています。あそびのなかで楽しみながら「ブレーキ」をかけることを覚えていくのは、大切なことです。

4歳

# 4歳のまとめ

4歳になると……
**今がなにをする時間なのかがわかります。**
　例えば、食事のしたくで大人が忙しいとわかると、手伝いをしようとします。少しおせっかいですが、食事の献立を言い出したりします。また、服にしても、自分がなにを着ようとしているのかわかるので、ボタンの留め方やかぶり方など、服に応じた着方ができるようになります。

**自分の評価ができます。**
　自分がやったことを自分でほめたり、失敗の弁解をしたりということができます。それとは別に、ほかの子どもがやったことを批評してコメントをつけたり、評価したりもできます。これは、ものごとを正しく理解しはじめ、一定の価値に従って「善し悪し」を判断できるようになってきたということです。この判断こそ、前頭連合野が機能しはじめた証拠といえるでしょう。

**状況を判断しています。**
　ルールを決めてあそんでいるときなど、大人が見ていない、ほかの子どもが気づいていないと判断すると、ちょっと"ズル"をしたりします。決まりごとをわざと守らないという、反抗精神を表すこともあります。これは成長の過程でふつうに起こることですから、必ずしもすべてを否定する必要はありません。

# 5歳

## 創造する脳の基礎をつくる

# かんたん劇あそび

グループに分かれて、かんたんな劇を発表するあそびです。
言葉を使う状況や、感情との関係を体験します。

**準備**　子ども用の劇のシナリオを用意し、セリフをカードに書き出します（物語本のセリフを使ってもかまいません）。
必ず全員にセリフがまわるように割り振ってください。

## 脳育のポイント 1

5歳くらいになると、ほとんどの言葉を正確に発音できる段階にきていますから、ちょっとした指導を受ければ、劇のセリフをちゃんと言うことができます。どのような気持ちで言っているのかがわかれば、声の抑揚や強弱にも気をつかうようになります（これは「右脳」の働きです）。気持ちを込め、抑揚をつけて表現できるように、物語の背景などを含めて、ていねいに指導してください。

**用意するもの**
- 子どもの劇あそびの本
- セリフを割り当てたカード

**あそび方**

場面ごとに、グループに分かれて演じます。
1シーン1分ほどの短い劇からはじめるといいでしょう。
登場人物の「気持ち」について、理解を促します。「このとき、○○はどう思っていたのかな？」などと、考える時間を与えます。

特別な衣装などを用意する必要はありません。
場面に応じて適切な音楽を選んでおき、背景代わりに流すと、盛り上がります。

**脳育のポイント2**

劇は、動きと言葉、演じるための創造力、登場人物の感情の理解など、かなり高度な脳の働きを必要とします。これは、人の気持ちや人と人との関係が言葉でどのように表現されていくのかを知るきっかけとなります。これらは、社会性を養う意味からも大切です。

セリフを覚え、感情を込め、劇をみんなでつくり上げることは、言葉がまわりの環境や状況と関係しながら使われるものだということを意識させてくれます。

# ストーリーづくり

言語 いうえおか

前ページの「かんたん劇あそび」の発展形。
自分たちでストーリーをつくって、発表します。

**準備** 写真やキャラクターの絵を見て、自分たちでかんたんなストーリーを考えます。
音楽を加えてもかまいません。

**脳育のポイント 1**

現実に存在する動物、キャラクターなどを、まったくちがった場面や空想の世界であそばせます。空想力を養い、前頭連合野の働きを活性化させます。

| 用意するもの | ● 空想を刺激するような、外国の城の写真、宇宙の写真など
● テレビや絵本などの登場人物、キャラクターの絵 |

**あそび方** グループごとに、完成したストーリーを発表していきます。
1分ほどの短いものからはじめるといいでしょう。

### 脳育のポイント ❷

　これは空想のなかから生まれたストーリーですから、突拍子もないものであればあるほど、「おもしろく」「優れて」います。人を楽しませようとするストーリーは、優しさの表れです。戦闘シーンが多いのは、テレビの影響です。それぞれ個性が出てきますので、それを楽しむようにします。

キャラクターに性格を与え、即興で演じる。言葉に即興で曲をつけてうたう。こうした「即興」でつくりあげる力は、5歳児あたりから身につきます。ただし、みんなが得意とは限りません。得意な子どものまねをしながら育てばいいのです。

絵画

# 位置関係を理解しよう

お皿の上にのせたいろいろな形を見て、
楽しみながら位置を確認するあそびです。

**準備** 画用紙にいろいろな色、形の絵を描いて、切り抜きます。それとは別に、大きめのお皿の絵（これは本物でも可）も用意しておきましょう。

［いろいろな色と形］　　　　　　　　　　　［お皿］

［お皿の上にのった図形］

みんなちがった色にするのがポイントです。お皿は黄、小さい丸は赤、大きい丸は緑、大きい四角形は青、三角形は白などというように、それぞれを塗り分けます。

## 脳育のポイント 1

　これは、側頭葉にある図形認識する部位を発達させるあそびです。5歳くらいになると脳が高度に発達して、色や形などを種類別に分類する力がついてきます。三角形がちゃんと描ける子どもも出てきます。ただし、それぞれの図形の位置関係についてはまだ学習段階なので、順番や位置をまちがえることも少なくありません。それが"ふつう"なのです。

| 用意するもの | ● 画用紙、色紙 |
| | ● クレヨン |
| | ● はさみ |

### あそび方

パズルのような感覚であそびます。

あそび1　お皿の上にある図形の色を言ってみます。
あそび2　お皿の上にある図形の形を言ってみます。
あそび3　子どもに画用紙をわたし、お皿の様子をまねて描いてもらいます。
あそび4　お皿の上にある図形の順番を覚え、バラバラにしたあと、正しい順に並べさせます。

> あか
> あお
> みどり

> しかく
> さんかく
> まる！

5歳

### 脳育のポイント 2

　図形の位置や順番を覚えるのは、短期記憶の練習です。この時期の短期記憶は7±2、つまり5〜9つを覚えることが可能です。最初は4つくらいからはじめ、興味をもってのってきたら、少しずつ増やしていくといいでしょう。例えば、園から行った公園への道を聞かれて、「園の前の道を歩いて、大きな道を歩いて、パン屋さんの角を曲がったら、信号をわたって……」などと得意に説明する子どもがいます。これも、イメージをとらえる力です。

一つひとつ言葉で確認する子や、写真のように目に映った映像のイメージで写しとる子がいます。どちらにしてもゲーム感覚で形や位置への注意力を促すあそびですので、"刺激"としてとりあげてください。

# 影絵お話あそび

自作したいろいろなキャラクターを使って、影絵でお話をつくります。

## 準備

「ストーリーづくり」（P.98）に続けて行う場合は、それぞれのストーリーを利用します。また、「なりきりあそび」（P.72）のお話の一部を使うのもいいでしょう。

[絵をはさむ軸]

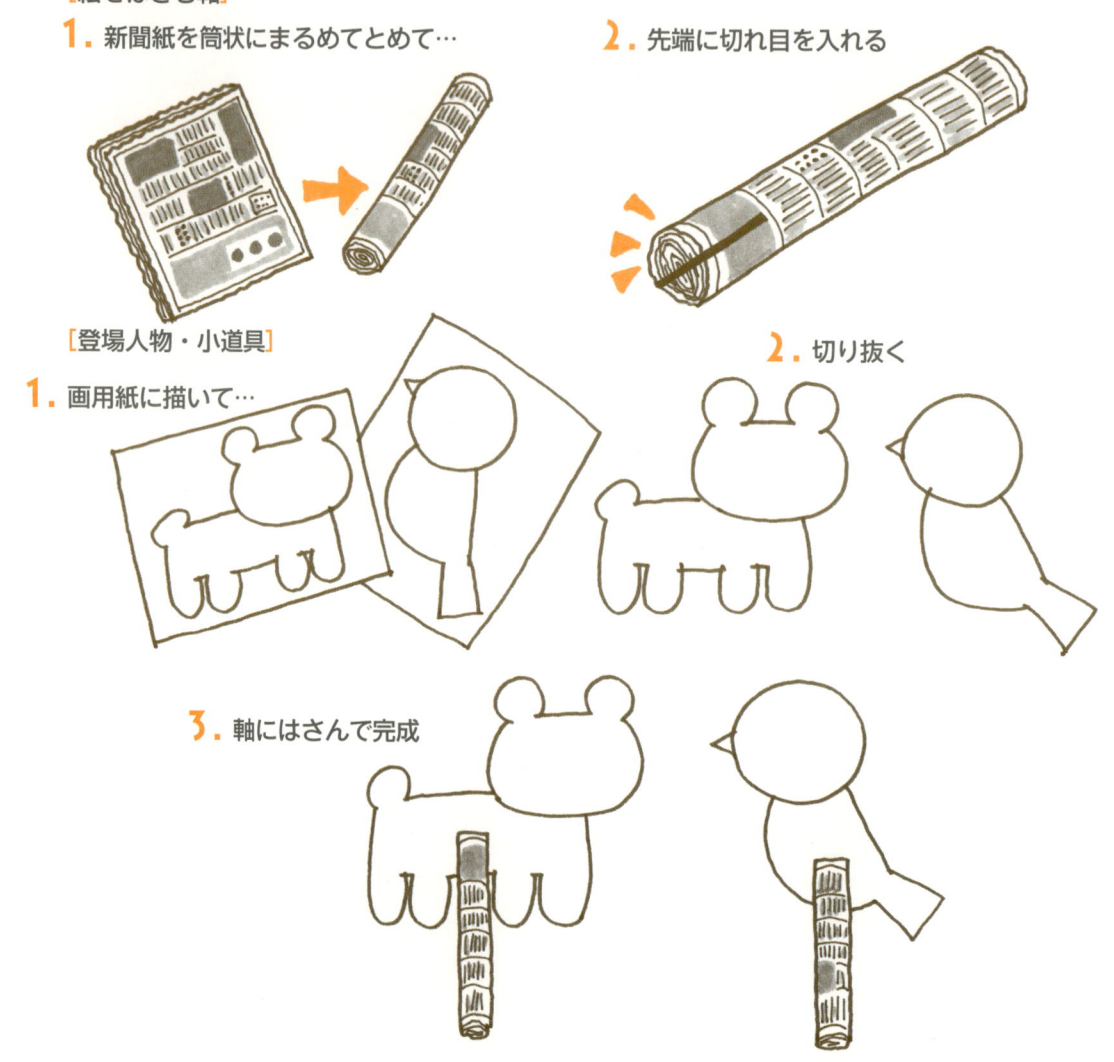

1. 新聞紙を筒状にまるめてとめて…

2. 先端に切れ目を入れる

[登場人物・小道具]

1. 画用紙に描いて…

2. 切り抜く

3. 軸にはさんで完成

**用意するもの**
- 新聞紙
- 画用紙、毛糸、のり、はさみ
- スクリーン
- 懐中電灯

**あそび方**
グループに分かれ、ストーリーを選び、みんなの前で発表します。即興の物語を加えてもいいでしょう。とにかく、のびのび自由にできるように促します。

**脳育のポイント**
影絵に映すと、実物を直接見るときとは見え方がずいぶん変わってくることがわかります。二次元の像（影絵に映った絵）を三次元（現実に見えるもの）に見たてるのは、脳の高度な使い方です。それは、想像力・造形力・創造力を総動員して行うことになります。

形や動きを工夫し、想像するためには、脳全体を総動員して取り組まなくてはなりません。

# 小さいものをつまんでみよう

空間

はしで、小さいものをつかみます。
指の器用さを養い、また、狭い空間での遠近を身につけます。

**準備**　牛乳パックにいくつか窓を開け、中に小さく丸めたティッシュや乾燥した豆類を入れておきます。
はしの先にはラップを巻いておきます。

**1.** 牛乳パックに窓を開け

**2.** 中に豆などを入れる

**3.** はしの先にはラップを巻いておく

ラップが滑り止めになって、丸い豆もつまみやすくなります。

## 脳育のポイント 1

　フォークは刺す、スプーンはすくう、ナイフは切るという1つの役割しかもっていませんが、はしはこれらすべての役割を備えています。右手ではしを使うと、左脳の運動野の人差し指の領域が発達して、ものを握る・つまむだけではなく、細やかな作業に対応する基礎ができてきます。ここではまた、はしの長さと対象物との距離を考えたうえで作業を進めなくてはなりません。あそびが、空間内での距離感覚を養うことにつながっているということになります。つまむだけではなく、つまんだものを置くまでが作業です。

| 用意するもの | ● 普段使っているはし、ラップ |
|---|---|
| | ● 乾燥豆（少し大きいものも） |
| | ● 牛乳パック、ティッシュ、色紙、セロハンテープ |
| | ● お皿（色ちがいで数枚） |

### あそび方

牛乳パックの窓からティッシュや豆をとり出して、お皿に移します。
例えば、大豆なら青いお皿に、ティッシュは黄色のお皿に、というように、仕分けしながら移していきます。
最初の子がお皿に移し終えたら、2番目の子がお皿のティッシュや豆を牛乳パックの中にもどすなど、ゲームをとり入れながらあそぶことも可能です。

### 脳育のポイント 2

　ティッシュを丸めたものは比較的かんたんですが、豆はすべるので、つまむのにかなり苦労します。しかし、このすべることにどう対処するのかも工夫のしどころです。はしの持ち方が正しいと、つまみやすく、時間がかかりません。このあそびは、指先での微妙なコントロールにいい影響を与えます。後の「鉛筆」を持つ練習にも、つながっていきます。

はしの先にラップをしっかり巻いておくと、丸い豆でも吸いつくようにつかむことができます。楽しくあそびながら、はしの正しい持ち方も体で覚えていきます。

## 大きさくらべ

論理数学 3.1.2.5.4

形のちがうものの大きさを、
ひもを使ってくらべてみます。

### 準備

大小さまざまな箱（立方体、直方体）を用意します。
ひもは、いちばん大きな箱の縦、横、高さを一度にはかれるよう、ある程度長いものを用意します。

[いろいろな大きさの箱]
大きくて平たいもの、小さくても深さのあるもの、立方体に近いものなど、いろいろな形のものを用意してください。

[はかり方] 宅配便の大きさをはかる要領で行います。

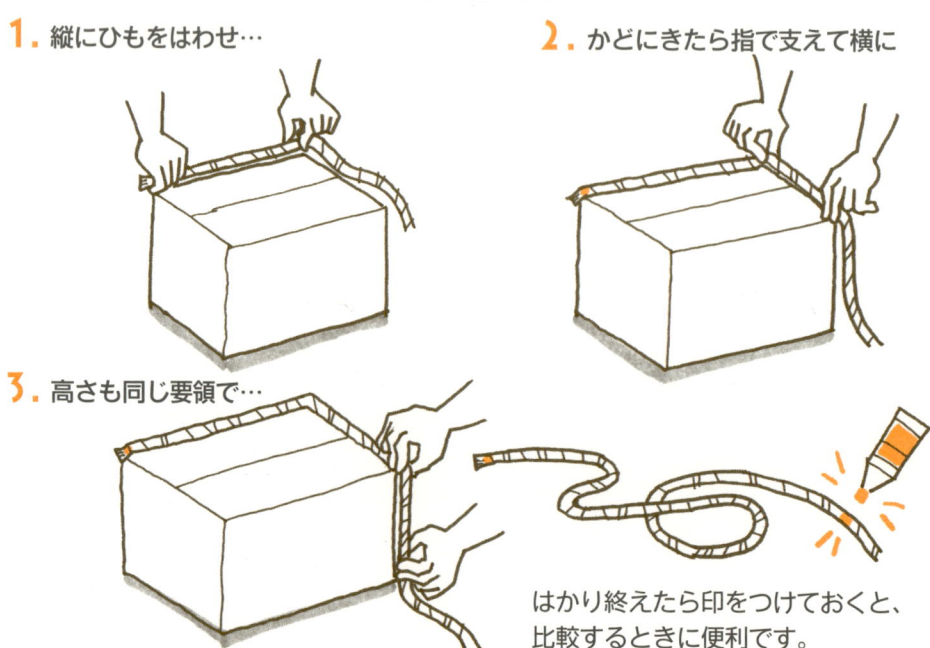

**1.** 縦にひもをはわせ…

**2.** かどにきたら指で支えて横に

**3.** 高さも同じ要領で…

はかり終えたら印をつけておくと、比較するときに便利です。

| 用意するもの | ● 箱（大小まじえて7〜8個）<br>● ひも（太めの白いもの）<br>● フェルトペン |

## あそび方

形のちがう2つの箱を見せて、どちらが大きいかをたずねます。意見が出そろったら、実際にひもではかって、大きさをくらべます。

どちらが大きいかな？

### 脳育のポイント

正確には縦×横×高さが容積となりますが、3辺をはかれば箱の大きさがだいたいわかることを、実感として体験します。「こっちのほうが明らかに大きそうなのに、はかってみたらそうでもなかった」ということもあるでしょう。実際に試してみることが大切です。

科学的な探究心が芽生えてくるのが5歳児です。いろいろな「なぜ？」に挑戦するきっかけとなればいいのです。

# 対応あそび

**論理数学**

身のまわりのもののなかから、
「対」や「仲間」になっているものを見つけます。

### 準備

「対」といっても、いろいろなケースが考えられます。最初に、その概念についてみんなで考えてみましょう。

**1. 2つで1組になったもの**

[靴]　　　　　[手袋]　　　　　[はし]

**2. セットで使うもの**

[歯ブラシとチューブ]　　[フォークとナイフ]　　[ビンとふた]

**3. 体の部分や空間**

[目や耳]　　　　[右手と左手]　　　　[上と下]

### 脳育のポイント 1

算数の基本的な考えである「集合」の対応の考えを学びます。世の中には、左右対称のもの、セットで使うものなど、「対」になっているものが数多く存在します。

| 用意するもの | ●ビンとふた、靴や手袋（左右）など対になったもの |

**あそび方**

「対」の片方を箱の中に入れておき、とり出したもののもう片方を見つけ出しましょう。

（例）歯ブラシを手にとりながら、「この歯ブラシはなにと仲間かな？」などとクイズにしていきます。

**脳育のポイント 2**

物事の基本になる、所属、対応の概念の理解です。左右、上下などの空間的対称、ビンにはふたといった所属など、相対的なものとものとの関連の理解を深めていきます。

まずは身のまわりのもの、つぎはテレビのキャラクター、さらに物語や想像したものへ……。「対応」というものは、とどまることを知らないほど広がります。

# リズム即興表現

♪♫ 音楽

体全体を使って、
気持ちやリズムを表現します。

**あそび方 1**

お遊戯などで使う音楽CD（数種類の音楽）のリズムに合わせて、気持ちを体で表現します。
喜び、怒り、悲しみ、笑いなどをどう表現するか、考えます。
例えば、下のような表現を、自分なりに考えてみましょう。

[喜びの表現]　　　　　　　　[怒りの表現]

わーい

[悲しみの表現]　　　　　　　[笑いの表現]

えーん　えーん　　　　　　　わはは

**脳育のポイント 1**

音楽やリズムに合わせて体を動かすことは、脳全体を活性化させるのに非常に有効な手段です。ここでは、それに加えて、体で感情を表現するために、さまざまな工夫をしてみます。心の動きと体の動きとは関係している部分が多いことに気づきます。5歳なら4拍子のリズムを即興で試してみるといいでしょう。

| 用意するもの | ●音楽CDとCDプレーヤー |

### あそび方 2

手をたたく、足を踏み鳴らす、手で体の側面をはじくようにたたくなど、楽器を使わなくても体のあちこちを使えば音が出せ、それでリズムをつくることができます。ボディーパーカッションで、音楽を楽しみます。
動物の動き、擬音なども組み合わせるとおもしろいでしょう。

［手をたたく］

［足を踏み鳴らす］

［両手で体の側面をたたく］

### 脳育のポイント 2

音楽に合わせて楽しく体を動かせば、それを組み合わせて新しい動きをつくり出すことができるようになってきます。楽しみながら創造力をはたらかせることは、一人ひとりの個性を伸ばすうえでも大切なことだといえましょう。

慣れてくれば、カスタネット、鈴、タンバリンなどを手に持って音を出しながら、一方で感情を表現するといった、複雑な動きもできるようになってくるでしょう。

# 音楽のびのびあそび

歌やいろいろな曲を聴いて、
リズムやメロディーのちがいを楽しみます。

**あそび方1**

●イントロ体験
曲のイントロ（2〜3小節）を聴いて、子どもたちが関心をもつ曲を選びます。

音楽を編集できる装置（カセット付きCDレコーダーなど）があれば、比較的かんたんに、いろいろな音源から曲を集めて、あらかじめまとめておくことができます。

**用意するもの**
● 普段よく使う音楽CD（波、風、小川のせせらぎなど自然の音もよい）とCDプレーヤー

**あそび方2**
● 即興リズムづくり
イントロ部分（2～3小節）を聴いて、感じたとおりに続きのリズムをアレンジします。
① 各自が自由にダンスする。
② 3～4人のグループで相談していっしょに歌をうたう。

**脳育のポイント**
　記憶、音の識別、瞬発力を養うあそびです。楽器の最初の音やメロディーの最初の部分を聴いただけで曲全体を思い出したり、再生したりします。これは、音楽に対する経験を総動員しながらまとめ上げ、つぎのステップへ進む重要な役割を果たします。さらに、自分たちで演奏したり、曲に合わせて踊り、うたうことで、連帯感も体験します。

　慣れるまでは無理せず、子ども用に編曲された曲や、名曲（「エリーゼのために」「こいぬのワルツ」など）を聴いて、音楽に慣れ親しむのもいいでしょう。音楽は、脳の中心にある大脳辺縁系に訴え、感情を豊かにします。

### 身体運動

# 上手に運ぼう

丸くて不安定なものを平らなトレイにのせ、こぼさないで運ぶ、バランスあそびです。

**準備** 段ボールを切ってフライパン状のトレイをつくります。取っ手の長さを変えたものを、いくつか用意しておきましょう。

1. 実線の部分をはさみで切って

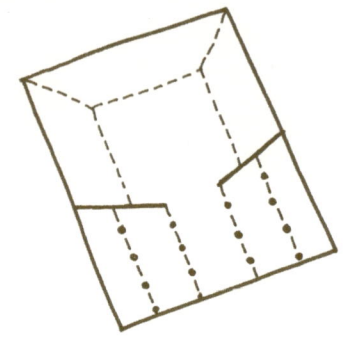

2. 取っ手部分は、下側に折る

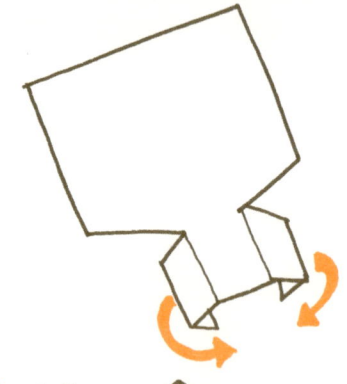

3. 指で押しながらトレイ部分をへこませて

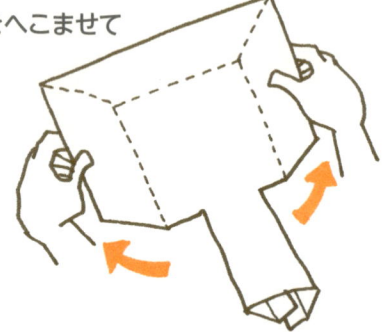

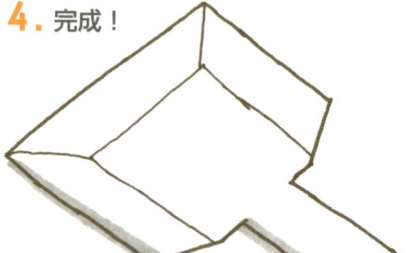

4. 完成！

取っ手の長さは、5cm、10cm、15cmと3種類くらい用意します（長いほど不安定になります）。長い取っ手は、段ボールを重ねて補強しておきます。

**脳育のポイント 1**

手に持っているもののバランスをとるあそびです。トレイにのせるものは安定しないものばかりですので、うまく運ぼうと思っても、けっこう苦労します。バランスをとるために、右に寄ると左へ傾けようとしますが、まだ角度をうまく調節するのはむずかしいようです。

| 用意するもの | ●大豆やピンポン玉、ボールなど ●段ボール |

## あそび方

大豆、ピンポン玉、ボールなどを、段ボールでつくったトレイにのせて、片手でバランスをとりながら運びます。

- うまく運べるようになったら、取っ手の長いものを使ってみます。
- トレイにのせる大豆やピンポン玉も、増やしていきます。
- なん人かでチームをつくり、他のチームと競争するのも、おもしろいでしょう。

### 脳育のポイント 2

利き手で運ぶ場合と逆の手で運ぶ場合とでは、感覚がまったくちがってきます。ほとんどの子は右手が利き手なので、右手で持って運ぼうとします（右手は、左脳と連動しています）。ところが、図形や全体の動きを見るのには、左脳より右脳のほうが適しています。ですから、最初はぎこちなくても、左手で扱うほうが最終的には有利になってくるのです。左利きの人のほうが器用だといわれるのも、このことに関係しています。

視覚情報は、人間が得るすべての情報のうち70％以上を占めています。自分の目で確認するということは、それだけ多くの情報を得ることにつながります。

# ロールプレイで役発見

**社会**

グループごとに決めた役割を果たす、
ロールプレイあそびです。

**準備** 自分の演じたい役を選び、どんなことをするのかを考えます。
おまわりさん、郵便屋さん、電車の運転士さん、お医者さんなどをあげ、役を決めていきます。

［例えば、おまわりさん…］

［例えば、お医者さん…］

### あそび方

最少限度の役を決め、小さなグループのなかで、自分の選んだ役をどのように演じるかを話し合い、ストーリーをつくります。できたら、発表します。

> どうしました？
>
> おなかが
> いたいと
> いってます…

### 脳育のポイント

　社会的な役割や義務などを理解するのに役立つあそびです。ものごとを客観的に判断したり、結果を予測したりするので、高度な脳の働きを促します。また、それぞれの役割に応じた「セリフ」があります。

　社会のなかでその役割がどれだけ大切なのか、ほかの人からどのように見られているのかなどを考えることができます。また、グループ単位で演じることは、仲間を支えたり、仲間のことを考えたりする「利他的」な気持ちを養成することにもつながってきます。そんななかで、個性を発揮し、表現を工夫することができるようになっていきます。

ロールプレイあそびは、この時期から育ってくる社会的知性を刺激します。協力して社会の縮図を楽しむことは、大人への第一歩です。

5歳

# 5歳のまとめ

5歳になると……
**創造力が養われます。**

　現実にあるものを十分に認識し、理解することができるようになります。十分に認識・理解できるからこそ、現実をもとに空想上の動物やものをつくり出すことができます。これはまた、ものがなんのためにあり、どのような働きがあるのかを知っているからでもあります。「なにを」というよりも、「なぜ」を知りたがるようになります。

　また、ルールや決まりごとは基本ですが、決してなにかを縛るものではありません。基本的なルールがあるからこそ、そのうえに想像を働かせて創造や工夫が生まれます。

**未来形で話しはじめます。**

　この時期になると、言葉の点でこまることはほとんどなくなります。目に見えるほとんどのものを理解することができ、たいていのことを言葉で表現することができます。そして、目に見えない"これからのこと"にも関心をもちはじめます。未来形を使えるようになることは、表現の幅を広げるうえで欠かすことができません。

**他人からどう見られているかが、わかりはじめます。**

　「羞恥心(しゅうちしん)」といいますが、例えばそれまで裸でいることが平気だった子どもが、人前で自分ひとりだけが裸だと、「恥ずかしい」と思うようになります。これは、自分以外の人の立場からも、ものごとを眺める力がつきはじめたということです。こうした人の立場で考えられるようになるのも、前頭連合野の働きによります。

# あとがきにかえて　6歳からの脳

　0歳で「感じる脳の基礎」、1歳で「考える脳の基礎」、2歳で「工夫する脳の基礎」、3歳で「推理する脳の基礎」、4歳で「判断する脳の基礎」、5歳で「創造する脳の基礎」をつくることに焦点を当ててきました。これは、脳の発達に合わせて基礎となる力を育（はぐく）むというものでした。では、6歳以降ではどのような「脳の基礎」をつくり上げていくのでしょうか？

### 6歳～8歳　発信する脳の基礎をつくる

　言葉については、次第に複雑な文を使うようになります。語彙（ごい）も、興味に応じてどんどん増えていきます。注意力も持続しますので、少しずつ長い物語にもチャレンジできます。自発的に物語を読むようになれば、ますますその範囲は広がります。

　情緒的には安定してきますが、脳がホルモンの影響を受けはじめるのもこの時期です。男の子は、アンドロゲンの影響もあって「強くありたい」と望み、実際に力を誇示します。女の子は、失敗を極端に嫌う傾向も見せます。こうした時期の男の子には他人をいたわる気持ちをもたせるように、女の子には安定した自己評価が得られるように、それぞれ配慮したいものです。また、男の子も女の子も、「人から認められたい」という欲求をもっています。自分と社会とのつながりを"自己表現"という形で手探りしていますので、それを受け入れる環境を整えていくことも大切です。

### 9歳～11歳　社会脳の基礎をつくる

　この時期は、別名「ギャングエイジ」と呼ばれています。仲間といっしょに行動する一方で、きわめて排他的になる場合もあります。しかし、最初の社会性を身につけるのが、この時期なのです。仲間といっしょにあそぶことで、自分とは異なる価値観や行動を学ぶことになります。そして、相手の立場に立つ大切さや、思いやりも身につけていきます。これが社会のルールに触れる第1段階で、文字どおり「あそびのなかに社会がある」のです。集団社会に適応できるようにし、集団のきまりに従ってある程度行動できるように心がけます。

　しかし、近年、仲間といっしょに何かをすることが、極端に少なくなってきました。塾で忙しく、テレビゲームによって個別化しています。児童時期が終わって思春期に自然消滅する前に、ギャングエイジそのものがなくなっているのです。このような事態を避けるためにも、幼いときから社会のルールを学んでいく機会を得るようにしていきたいものです。

**著者紹介**

**森田勝之**（もりた・かつゆき）
十文字学園女子大学教授、白百合女子大学講師

専門は脳機能研究、神経哲学。「コミュニケーション」における「脳内メカニズム」の研究をベースに、発達や哲学の諸問題までを扱う。発達心理学科などで視覚、聴覚などの情報から絵画、色、音楽、言語の脳内処理や脳内メカニズムを中心とした講義を十数年続けている。また、ゼミでは、脳科学、認知科学のテーマを扱い、実験、脳波測定の指導を通してより実証的に掘り下げている。ラジオをはじめ雑誌、新聞、CDなど、各メディアで発信中。著書に『「ダッシュ脳」で頭が10倍冴える！』（マガジンハウス）、『英語脳を育てるCDブック テラの島』（小学館）、『New York Detective Story：映画英語のリスニング』（DHC）、『0歳から育てる脳と心』（創元社）など多数。

装　　丁：中浜小織（本作り空sola）
表紙・カバーイラスト：真珠まりこ
本文イラスト：伊東美貴・ししくらすず子・タカタカヲリ・中小路ムツヨ・ノコゆかわ・藤原ヒロコ
編集協力：藁科良子・檀上啓治・檀上聖子（本作り空sola）
校　　正：(株)文字工房燦光
編集担当：石山哲郎・西岡育子

---

**脳と心を育てる50のあそび**

2010年7月　初版第1刷発行

著　者　森田勝之　©Katsuyuki Morita 2010
発行人　浅香俊二
発行所　株式会社チャイルド本社
　　　　〒112-8512　東京都文京区小石川5-24-21
　　　　電話03-3813-2141（営業）　03-3813-9445（編集）
　　　　振替00100-4-38410

印刷・製本　図書印刷株式会社
ISBN 978-4-8054-0169-9
NDC376　120P　23.2×18.2cm
Printed in Japan

乱丁・落丁本はお取り替えいたします。
本書の内容の一部あるいは全部を無断で複写複製することは、法律で認められた場合を除き、著作権者及び出版社の権利の侵害となりますので、その場合は予め小社あて許諾を求めてください。

チャイルド本社ホームページアドレス　http://www.childbook.co.jp/
チャイルドブックや保育図書の情報が盛りだくさん。どうぞご利用ください。